마흔, 괴테처럼

세상에 흔들리지 말고 세상을 흔들어라

마흔, 괴테처럼

세상에 흔들리지 말고 세상을 흔들어라

이남석 지음

사□계절

괴테에게 가장 어울리는 모습은 무엇일까?
요한 하인리히 티슈바인이 그린 괴테의 30대 초상,
요한 하인리히 립스가 그린 40대 초상이나, 프리드리히 브리의 50대 초상,
게하르트 퀴겔켄의 60대 초상, 요제프 카를 스틸러의 70대 초상,
요한 요제프 슈멜러의 80대 초상이 아닌 다른 그림이 가장 먼저 떠오른다.
괴테와 동시대를 산 독일 낭만주의 화가 카스파르 다비트 프리드리히의
〈안개 바다 위의 방랑자〉이다.

———

Der Wanderer über dem Nebelmeer(1817-1818)
by Caspar David Friedrich

요한 하인리히 티슈바인이 그린 괴테의 30대 초상

Johann Wolfgang von Goethe in der Campagna(1787)
by Johann Heinrich Wilhelm Tischbein

요한 하인리히 립스가 그린 괴테의 40대 초상

Johann Wolfgang von Goethe(1791)
by Johann Heinrich Lips

프리드리히 브리가 그린 괴테의 50대 초상

———

Johann Wolfgang von Goethe(1800)
by Friedrich Bury

게하르트 퀴겔켄이 그린 괴테의 60대 초상

Johann Wolfgang von Goethe(1808)
by Gerhard Von Kügelgen

요제프 카를 스틸러가 그린 괴테의 70대 초상

———

Johann Wolfgang von Goethe in der Campagna(1828)
by Joseph Karl Stieler

요한 요제프 슈멜러가 그린 괴테의 80대 초상

Goethe seinem Schreiber John diktierend(1792)
by Johann Joseph Schmeller

괴테가 23세부터 쓰기 시작하여 죽기 직전인
1832년 완성한 『파우스트』는 집필에만 무려 59년이 걸린
그의 생애 최고의 대작이다.

_____

렘브란트 판 레인(Rembrandt Harmenszoon van Rijn)의 동판화 〈서재의 파우스트〉(1652)

차례

흔들리는 마흔을 위하여

* 일러두기

이 책에서는 '젊은 베르테르의 슬픔' 혹은 '젊은 베르테르의 고뇌' 등 여러 가지로 번역되어 있는 괴테의 작품 『Die Leiden des jungen Werthers』를 주인공의 이름은 '베르터'로, 책의 제목은 '젊은 베르터의 고통'으로 옮겼다.

안개 바다 위의 방랑자

　괴테에게 가장 어울리는 모습은 무엇일까? 이런 질문을 하면 요한 하인리히 티슈바인이 그린 괴테의 30대 초상이나, 요한 하인리히 립스가 그린 40대 초상이나, 프리드리히 브리의 50대 초상이나, 게하르트 퀴겔켄의 60대 초상이나, 요제프 카를 스틸러의 70대 초상, 요한 요제프 슈멜러의 80대 초상이 아닌 다른 그림이 가장 먼저 떠오른다. 괴테와 동시대를 산 독일 낭만주의 화가 카스파르 다비트 프리드리히의 〈안개 바다 위의 방랑자〉이다. 그 이유는 내 안에서 조금씩 바뀌어왔다.

　1997년 겨울, 20대 말이었던 나는 유럽 여행 막바지에 프랑크푸르트의 괴테하우스(Geothe Haus)를 찾았다. 당시는 소위 'IMF 폭격'에 의해 환율이 최고점을 찍고 한국의 국제신용도가 추락하여 미래가 불안하기 짝이 없던 시기여서 한국인 관광객은 거의 없었다. 비용을 논문상의 후원사에서 전액 받지 못했다면 나 역시 감히 엄두를 내지 못했을 여행이었다. 당시 나는 스위스, 프랑스, 이탈리아, 독일 등을 돌아다니며 겉으로는 화려한 일상을 보냈다. 하지만 밤이면 유럽의 낡은 호텔방에 누워서 대학 졸업 이후 취업도 못 하고 유학도 못 가는 막막한 미래와 불안한 국내 사정 등을 고민하며 잠을 이루지 못했다. 낮에는 '언제 다시 올지 모르는 이곳을 머릿속 타임캡슐에 묻어놓는' 심정으로 유럽의 곳곳을 열심히 우겨넣을 뿐이었다. 마치 고전문학 작품을 속뜻도 모르고 '나중에 어떻게든 도움이 되겠지' 하며 머릿속에 집어넣었던 청소년기처럼. 그렇게 유럽여행을 하니 여행이 마냥 즐겁지만은 않았다. 그 정점에서 괴테를 만났다.

괴테하우스에서 만난 괴테는 한참 바닥을 치고 있던 나와는 너무도 다르게 아주 당당할 수밖에 없는 사람이었다. 평범한 인간들은 안개 바다 아래에서 정상을 올려다보지만, 괴테는 홀로 정상에 딱 버티고 서서 안개 아래의 세상까지 꿰뚫어보며 자연과 인간적 삶의 원리를 여유롭게 관망하는 사람처럼 보였다. 등산복이나 장비 따위는 챙기지도 않고 동네를 산책

할 때나 쓸 법한 지팡이에 품위 있는 옷을 입고도 단숨에 정상에 선 사람. 뒷모습만으로도 충분히 압도적인 사람.

괴테의 아버지는 아주 부유했다. 어머니는 남달리 다정다감했으며, 직접 책을 읽어주며 괴테의 지성과 감성이 고루 발달할 수 있도록 도왔다. 그뿐만이 아니었다. 부모는 뛰어난 가정교사들을 두어 괴테가 언어와 과학, 수학, 예술 등을 조기교육받을 수 있도록 했다. 부모와 교사의 세심한 배려 속에서 '엄친아' 괴테는 16살에 대학에 입학했다. 그 흔적이 괴테하우스 곳곳에 고스란히 남아 있었다. '역시 위대한 인물은 처음부터 달랐어.' 이런 생각을 하며 부러운 눈길로 괴테하우스를 돌아보고 나오며 애꿎게 나의 부모와 나를 가르쳤던 교사들을 탓하기도 했다. 그때만 해도 나는 괴테가 승승장구한 면만을 보았다. 입시에 대한 불안감이니 청년실업에 대한 걱정 따위는 없었던, 집안 좋고 능력이 뛰어난 엄친아가 정해진 수순으로 성공한 것이라 생각했었다.

괴테는 10대에는 대학생이 되었고, 20대에는 유럽을 들끓게 한 베스트셀러 작가가 되었다. 30대에는 바이마르공국의 명망 있는 행정가가 되고, 과학자가 되었다. 40대 이후에는 다양한 희곡과 시, 소설, 평론 등으로 새로운 시대정신을 만든 사상가로서 존경을 받기도 했다. 괴테의 끊임없는 변신을 능력을 주체하지 못하는 천재가 그저 자신의 재능을 뽐내는 것이라고 생각했다.

그러나 10년 후, 30대 말이 된 2007년 여름 사업기획자로서 아이템 발굴을 위해 유럽 출장을 하던 중 다시 만난 괴테는 달랐다. 묘지에 누워 있는 괴테는 다른 평범한 인간들처럼 죽음을 피해가지 못한 모습이었다. 그때 괴테의 '평범함'을 처음 생각했다. 그리고 평범한 사람들이 품었을 만한 질문을 다시 던졌다.

괴테의 행적을 꼼꼼히 따져보니 그 질문들이 더 뚜렷해졌다. 즉 10대에는 "어른들의 설계대로 살면 더 행복해질 수 있을까?"를, 20대에는 "사랑을 하면 더 행복해질까?"와 "사회적인 변화를 일궈내면 더 행복해질까?"를, 30대에는 "어떻게 하면 자기계발을 효율적으로 할 수 있을까?"와 "사회적으로 성공하면 더 행복해질까?", 40대에는 "진정한 행복을 위해서는 어떤 인간관계를 맺어야 할까?", 50대 이후에는 "어떻게 하면 의미 있는 삶을 살 수 있을까?"라는 질문과 그에 대한 괴테의 답이 떠올랐다.

괴테의 일생과 작품을 비교하는 것만으로도 답을 얻을 수 있었다. 괴테는 각 질문에 대한 답을 하나의 가설로 세우고, 자신의 인생을 통해 그것이 맞는지 아닌지를 실험했고, 그 결과를 작품으로 내놓았기 때문이다.

괴테는 엄청나게 많은 분야의 글을 쓰고 다양한 주제의 연구를 평생 지속했다. 그의 편지와 일기, 자서전 등을 보면 자신의 재능을 믿고 성공을 확신한 적이 없다. 자신이 세운 가설의 오류를 인정하고 반성하고 끊임없이 수정하고 불안해했다. 막연히 '위대한 괴테'라고 생각하며 그의 책을 읽었던 때와는 다른 모습들이 보이기 시작했다. 그러면서 괴테는 내게 생생하게 말을 거는 멘토가 되었다.

10대에 나는 사랑에 관심이 많았다. 그래서 괴테의 『젊은 베르터의 고통』을 읽었다. 그런데 너무 재미가 없었다. 로테와의 사랑 이야기는 좀처럼 진전되지 않고, 유복한 환경의 남자가 무슨 고민이 그렇게 많은지 짜증스러울 정도였다. 사회문제, 역사문제, 대인관계 등 미주알고주알 이야기를 늘어놓는 모습이 21세기 어느 조숙한 청소년의 블로그에 더 가까웠다. 30대 말에 나는 괴테의 자서전과 평론들을 종합적으로 읽으면서 다시 『젊은 베르터의 고통』을 펼쳤다. 그러자 이미 위인이 된 괴테가 아닌 아직 자신이 무엇이 될지 몰라 두려워하는 20대 청년이 보였다. 그리고 나 자신의 불안한 청춘도 보였다. 신기하게도 괴테의 글은 머리가 아닌 가슴으로 천천히 읽을수록 더 많은 교훈을 찾을 수 있었다. 틀에 박힌 교훈이 아니라 읽을 때마다 현재진행형으로 내게 새로운 이야기를 건넸다. 괴테하우스를 찾았을 때도 느끼지 못했던 생생한 감동이었다. 만약 당시에 괴테의 위대함을 막연히 부러워하는 것이 아니라 내 고민을 베르터의 고민과 연결시켰더라면 간접 경험을 통해 시행착오를 많이 줄일 수 있었을 것이다. 그것을 청춘이 지나서야 알았으니 깨달음의 기쁨보다 후회가 더 크게 밀려왔다.

괴테의 작품과 평전들을 모두 다시 읽은 것은 40대가 코앞이면서 아직은 30대라고 외치며 자신을 위로하던 39살 때였다. '사오정'이라는 말이 만연한 사회에서 나 자신도 불안하면서 20대의 청춘들에게 어떻게 살아야 한다고 선배로서 담담하게 조언을 해야 했던 나에게는 '가면 우울증' 같은 것이 왔다. 다른 사람에게는 열심히 사는 법을 이야기하지만, 나 자신은 열심히 살수록 더 힐링을 찾게 되는 상황에 절망하고 있었다. 심리적으로는 언제나 청춘이고 싶지만 때로는 그 모든 청춘의 고통에서 벗어나 삶의 교훈을 충분히 얻은 성숙한 사람이고도 싶었다. 미처 성장하지도 못한 채 늙어가던 나에게 열심히 사는 자세나 단순한 인간관계 스킬 혹은 업무처리 방법을 알려주는 자기계발서는 도움이 되지 않았다. 20대의 상처를 보듬는 말이나, 30대의 비루한 삶에 공감하고 40대의 허무함을 껴안는 말로 자신을 어루만지는 것이 지겨웠던 나는 괴테에게서 새로운 길을 발견했다. 나는 지금 잘 살고 있는 것일까, 어떻게 하면 잘 살 수 있을까에 대한 답을 찾았다.

청소년기와 청년기에 교양을 쌓겠다며 억지로 우겨넣었던 이야기 속에는 사실 인생의 전환점이 될 만한 것들이 보물처럼 숨어 있었다. 괴테는 안개 바다 위의 산 정상에 단숨에 올라선 것이 아니었다. 시간을 많이 들여 피눈물을 흘리며 안개 바다를 온몸으로 뚫고 정상까지 올라갔고, 그 후에도 자신이 지나온 길을 성찰하며 더 품위 있는 인간으로 거듭나 그 경지를 작품에 담았다. 그러고는 눈앞에 보이는 또 다른 안개 바다 속 산에 오르기 위해 다시 밑바닥부터 시작했던 성실한 인간이었다. 안개 바다 위의 방랑자는 정복자로서 그 땅에 계속 머무는 것이 아니라 방황을 계속하기 위해 다른 곳으로 발걸음을 옮긴다. 예전에 자신이 올랐던 산을 다른 곳에서 바라보고 다른 통찰을 얻는다. 그리고 다른 경지로 또 발걸음을 옮긴다. 정상에 섰을 때마다 괴테는 작품을 썼다. 아니, 정확히 말해 바닥부터 정상으로 가는 과정 내내 원고를 썼고 정상에 이르렀을 때 다시 원고를 수정해서 완결작을 내놓았다.

삶과 함께한 작품, 체험을 통해 더 세밀해지고 강해진 진리를 가진 괴테이니 그의 뒷모습만 언뜻 보고서도 압도당할 수밖에 없었던 것이다. 탁월한 머리로 전체를 멀리서 바라보거나 안개 아래 세상을 분석한 것이 아니라, 작품 『친화력』에 대한 편지에서 스스로 밝힌 것처럼, 괴테는 '체험'을 바탕으로 통찰을 얻었고 자신이 얻은 결론대로 작품을 썼으며 작품처럼 실제로 살았다. 이런 이유로 니체는 괴테를 두고 진정 초인의 경지에 이른 인간의 모범이라며 거듭 강조했다.

단순히 괴테의 흔적을 좇는 것이 아니라, 괴테가 한 치 앞도 보이지 않는 짙은 안개 속에서도 포기하지 않고 지향했던 것들에 주목해보자. 그러면 괴테가 고통으로 만든 행복, 어둠으로 만든 빛이 더 잘 보인다. 마치 어두운 동굴 속에 들어가면 실낱 같은 빛줄기가 더 밝게 보이는 것처럼. 안개와 어둠을 뚫고 나온 위인전의 괴테가 아니라, 안개와 어둠을 그대로 드러낸 작품 속 괴테의 생각을 만나면 삶의 여러 가지 번민이 사라지기 시작한다.

괴테가 살던 시대의 어둠은 현재를 살고 있는 우리의 어둠과 별반 다르지 않으며, 괴테가 보여주는 빛은 우리가 어떻게든 만들어내야만 하는 것임을 괴테 작품들을 읽으며 절실히 느꼈다. 변신을 거듭하며 교훈을 전해주는 괴테의 책을 읽는 것은 4D 입체영화 감상과는 비교할 수 없는 신나는 경험이었다. 괴테가 이끄는 대로 길을 떠나 안개 바다를 뚫고 정상에서 내려다보는 경험을 내 주변 사람들에게 이야기하자 모두들 놀라워했다. 만약 괴테의 작품을 그렇게 감정이입을 하면서 현재진행형으로 읽었더라면 자신의 인생은 아주 많이 달라졌을 것이라는 이야기를 하기도 했다. 그래서 이 책을 기획하게 되었다.

괴테가 고민한 사랑, 성장, 구원, 실존, 좌절과 희망 등의 주제들은 시대와 지역을 뛰어넘는 보편적 가치를 지니고 있다. 괴테는 탁월한 이성을 바탕으로 삶의 조건을 꼼꼼히 분석하여 각주제를 인간의 지성과 감성으로 사색하고 표현할 수 있는 최상의 수준에서 다루었다. 사회에 대한 불만, 꿈에 대한 열정, 성공가능성에 대한 두려움과 회의, 자기 자신의 무능력에 대한 혐오, 나보다 더 잘나가는 사람에 대한 시기심, 기성세대와의 갈등, 인생을 단번에 새롭게 시작하고 싶은 헛된 욕심, 노력 없이 성공하고 싶은 조급함 등 아직 충분히 성장하지 못한 삶에 뒤따르는 번민과 갈등은 괴테의 시대나 지금이나 큰 차이가 없다.

괴테는 저서 『식물변태론(Die Metamorphose der Pflanzen)』에서 생명을 가진 존재가 성장하기 위해서는 마치 씨앗이 줄기가 되고 잎이 되어 열매를 맺는 것처럼 형태가 변하는 '변태'가 필요함을 강조했다. 괴테 자신이야말로 시민계급의 아들로 태어나 귀족이 되고, 변호사에서 문학가가 되었다가 다양한 직업을 거쳐 다시 작가가 되는 등 지속적인 변태로 탁월한 성공과 행복을 누린 사람이었다. 그 과정을 괴테는 고스란히 작품에 써

놓았다. 동시대의 세계인과 후대의 사람들에게 지혜를 나눠주기 위해서였다.

최고 수준의 조기교육 이후 10대와 20대 시절에는 머리를 주로 키웠던 괴테. 그에 대한 주변의 평가는 '재능은 뛰어나지만 가슴은 차가운 사람'이었다. 20대의 괴테는 사랑하는 사람에게 이별 통고도 없이 훌쩍 도피 여행을 떠나버리고도 상대방의 상처는 헤아리지 않고 천연덕스럽게 다시 연락하는 사람이었다. 만약 그대로 괴테가 지성과 능력만 키워나갔다면 기껏해야 프랑크푸르트의 1등 신랑감, 능력남, 엄친아 정도가 되었을 뿐 지금 우리가 기억하는 위대한 인물이 되기는 힘들었을 것이다. 30대의 괴테는 머리로 아는 것을 가슴으로 내려서 직접 느끼며 감정을 풍부하게 키우는 일에 치중했다. 자신의 마음을 움직이는 것이라면 뭐든지 참여한 덕분에 다양한 종류의 글과 연구가 쏟아져나왔고, 여성들과의 스캔들도 끊이지 않았다. 만약 괴테가 이 정도에 머물렀다면 세월의 무게를 이기려 노력한 철없는 열정남이나 분야의 경계를 허문 자유로운 지성인 정도에 멈췄을 것이다.

40대 이후 괴테는 80대에 이를 때까지 자신의 가슴을 움직인 길을 자신의 발로 직접 걸으며 삶의 보편적 교훈을 실천하려 노력했다. 한 예로 젊었을 적부터 자유분방한 괴테였지만 마음에 드는 여인을 만나도 아내를 생각하며 다가서지 않았고, 대신에 그 감정만큼은 살려서 『친화력』과 같은 작품으로 승화시켰다. 타인과의 교류가 개인의 성장과 행복에 중요하다고 생각했기에 얼굴도 보지 못한 많은 사람들과 서신을 교환하기도 했으며, 자신을 찾아온 사람들을 만나 이야기를 나누는 것을 즐겼다. 괴테 말년의 바이마르는 그를 만나기 위해 모여든 사람들로 북적거렸을 정도였다. 괴테를 만났던 사람들은 괴테를 두고 '탁월한 재능과 함께 따뜻한 가슴을 가진 사람'이라고 입을 모아 존경을 표했다. 이것이 바로 우리가 기억하는 '위대한 괴테'의 모습이다. 그러나 원래부터 괴테가 이런 위대함을 갖췄던 것은 아니다. 괴테는 끊임없이 정상에 도전하는 마음으로 자신을 변화시켜 스스로 위대함을 만들었다.

시대를 뛰어넘어 공감할 요소가 많음에도 불구하고 괴테를 즐기는 독자는 많지 않다. 괴테의 위대함이라는 고정관념의 무게 때문에 그의 날렵한 솜씨를 놓치기 쉽기 때문이다. 밀란 쿤데라가 그의 소설 『불멸』에서 괴테를 이야기 구성의 달인으로 조명했을 정도로 괴테는 주제의식뿐만 아니라 이야기적 재미에 신경을 썼다. 하지만 현대의 독자들은 괴테의 책을 명언 모음처럼 너무 무겁게만 보려고 한다. 괴테를 정확히 이해하려면 그의 진지함뿐만 아니라 가벼움도 이해해야 하며,

그의 탁월함뿐만 아니라 평범함을 이해해야 한다.

이 책에서 나는 괴테의 다양한 면모를 보여주고자 최선을 다했다. 마흔을 앞두고 흔들리던 나에게 괴테가 들려준 방황과 위로의 메시지를 다시 독자들에게 돌려주고자 했다. 이 책을 펼친 당신도 역사적 인물로 그려진 초상화 속 괴테가 아닌, 인생의 무게를 쉽고 재미있게 설명하고 조언해주는 멘토이자 역할모델로서 괴테를 새롭게 만나보기를 기대한다.

'괴테에 대해' 고증학자처럼 이야기하는 책은 이미 많이 있다. 그러나 '괴테를 통해' 자신과 세상을 돌아볼 수 있게 이야기를 거는 책은 많지 않다. 꼭 이 책이 아니더라도 여러분이 부디 괴테를 통해서 괴테가 말한 인간 내면의 핵심인 '치타델레(Zitadelle)'를 발견해 자신이 생각한 대로 세상을 향해 걸어 나아가는 삶을 살기를 기원한다.

2015년 11월

이남석

1장

청춘은 미성숙한 나르시시스트

'중2병'에 걸린 괴테

'중2병'은 일본의 한 라디오 프로그램에서 시작된 유행어이다. 이 말은 13~15살 정도에 겪어봄직한 심리적 패턴을 의미한다. 인터넷을 보면 '중2병'에 빠진 초중고생, 대학생, 심지어 어른들까지 많이 만날 수 있다. 그들은 지금 당장은 아니지만 자신이 마음만 먹으면 뭐든지 할 수 있다고 막연히 생각한다. 말 그대로 '근거 없는 자신감'이지만 그들은 그것을 긍정적이라고 생각한다. 그러는 한편 현재 자신은 여러 가지 문제들 때문에 마치 우울증에 걸린 것처럼 힘이 없고 컨디션이 떨어져서 포부를 실현시킬 수 없다고 여긴다. 지금 당장은 그에 미치지 못하는 자신을 이해해달라는 취지의 글을 인터넷

게시판이나 SNS 등에 미주알고주알 적어놓는다. 그리고 다른 사람들이 자신의 이야기에 호응해주고 편들어주기를 바란다. 그들은 자신이 올린 글의 조회 수나 추천 수에 민감하다. 자신을 이해하지 못하는 사람이나 자신과 생각이 다른 사람들을 마주치면 참지 못한다. 그래서 심한 악플도 서슴지 않는다. 누군가에게 상처가 될 악플을 달면서도 정작 자신은 마음이 여린 사람이라고 생각한다. 자신은 다른 사람들이 잘 이해할 수 없는 큰 상처를 갖고 있다고 생각하며 외로워한다.

이는 국내에는 흔히 '젊은 베르테르의 슬픔'이란 제목으로 알려진 소설 『젊은 베르터의 고통(Die Leiden des jungen Werthers)』의 주인공 베르터의 모습과 많이 닮아 있다. 베르터는 자신에게 고통을 주는 것들에 대한 분석에는 탁월하지만 그것을 변화시키기 위해 행동하는 데에는 아주 서툴다. 마치 어린아이처럼 핑계를 대고 징징거린다. 그러면서도 자신을 괴롭히는 문제들이 잘 해결될 것이라고 막연히 믿는다. 그러나 시간이 흘러 현실이 그렇지 않은 것으로 드러나면 고통스러워하고 분노하며 고통의 원인을 분석해서 남들에게 진지하게 이야기하는 악순환을 반복하고 있다. 베르터가 유산분쟁으로 골머리를 앓으면서도 이를 해결하려는 노력은 하지 않고 시골마을로 도망쳐 다른 일에 몰두하다가 또 다른 문제들로 고통받게 되는 것만

봐도 그렇다.

베르터의 감정은 요동친다. 베르터는 너무 쉽게 사람을 믿고 너무 쉽게 사람을 증오한다. C백작과 자신이 진실한 우정을 나눈다고 자랑하다가, 하루의 소동 때문에 그의 위선을 남들에게 고발하는 식으로 말이다.

베르터의 세계는 다른 사람의 욕구나 가치에 의해서 움직이지 않는다. 그의 세계는 오로지 자신의 감정과 판단이 중심이 되는 곳이다. 미성숙한 나르시시스트인 베르터는 저마다 다양한 욕구와 가치를 가진 사람들이 모여 살고 있는 사회에 적응하는 것이 힘들다. 자신의 꿈을 이루고자 혹은 사회의 변혁을 위해 의지를 갖고 행동하기보다는 현실에 대한 불만을 표출하는 일탈행위에 그친다. 자기중심적으로 행동하는 이른바 '중2병'에 걸린 학생들이나, '고민남' '고민녀'라는 아이디로 커뮤니티 게시판을 채우는 청춘들의 모습과 다르지 않다.

베르터는 객관적으로 보면 근거 없는 자신감, 쓸데없는 소외감, 허세로 가득 찬 나약한 인간일 뿐이다. 사람은 누구나 상처와 심리적인 약점을 갖고 있으며 나름의 장점도 갖고 있다. 자신만 특별할 수는 없다. 베르터처럼 나르시시즘에 빠져 자신의 욕구 충족을 위해 인간관계를 맺는 사람들은 타인에게 별 관심을 두지 않는다. 언제나 자신의 상태에만 신경을 쓰기 때문에 자신의 것만 특별해 보인다. 자신은 특별히 상처가 많은 사람이지만 그만큼 특별한 능력도 갖고 있기 때문에 잠재력을 폭발시키기만 하면 인생 대역전도 할 수 있고, 사회를 변혁시키는 혁명가가 될 수도 있다고 생각한다. 마치 일본 애니메이션 〈에반겔리온〉의 남자 주인공 신지처럼 말이다. 아니, 괴테가 24살에 쓴 처녀작 『괴츠 폰 베를리힝겐(Götz von Berlichingen)』의 주인공처럼 말이다.

주인공 괴츠는 16세기 독일에 실존했던 기사로, 전투에서 한쪽 팔을 잃고 철로 된 의수를 끼우고 다녀 '철의 손 괴츠'로 유명했다. 그의 자서전은 독일에서 가장 오래된 자서전의 하나인데, 괴테는 이를 바탕으로 5막으로 된 희곡을 썼다. 실제 역사 속의 괴츠는 농민봉기 당시 농민군에 가담해 싸운 전사였지만 전투가 없을 때는 결투를 빙자한 강도와 사기로 돈을 버는 악한의 면모를 지닌 인물이기도 했다.

괴테는 자신의 관점에 따라 이야기와 인물을 가공해 괴츠를 영웅으로 그려냈다. 줄거리는 여느 무용담이 그렇듯 간단하다. 괴츠는 황제에게 충성을 다하고 진리와 정의와 자유를 위해 싸웠다. 하지만 음모와 배신으로 사형선고를 받는다. 이 과정에서 괴테는 주인공인 괴츠를 미화하며 그의 훌륭한 정신과 인간미를 강조하고 있다.

우리에게 위인으로 알려진 괴테가 출생 직후부터 20대까지 자기중심주의와 주체할 수 없는 욕망으로 사고를 치던 '중2병'에 걸린 인간이었다는 사실을 파고들면『괴츠 폰 베를리힝겐』이나『젊은 베르터의 고통』을 더 잘 이해할 수 있다. 뿐만 아니라 괴테의 인생에서도 더 큰 교훈을 얻을 수 있다.

아버지의 교육열과 어머니의 사랑

괴테는 지금으로 따지면 조기교육을 받아 여러 분야의 학문을 일찍부터 접했고 영재로서 재능을 보이기도 했다. 8세에 이미 시를 짓고 13세에 시집을 냈을 정도였다. 하지만 한 분야에서 자신의 재능이 무르익으려 할 때마다 이상하게 곁가지로 빠졌다. 예를 들어 아버지의 권유이기는 했지만 대학 전공으로 법학을 선택했다가 문학으로 돌아와 유럽 전역을 떠들썩하게 하는 베스트셀러 작가가 되었다가 바이마르공국의 행정가가 되는 식으로 말이다. 그런 일탈에도 불구하고 각 분야에 업적을 남길 정도로 괴테의 천재성이 대단한 것이었을까? 아니면 그런 일탈 덕분에 그의 천재성이 활짝 꽃필 수 있었던 것일까? 이 질문에 대한 답은 이 책을 다 읽은 다음 찾기로 하고, 우선 그의 인생 편력을 개략적으로 살펴보자.

괴테는 귀족으로 죽었으나, 원래부터 귀족 가문에서 태어난 것은 아니었다. 괴테의 이름인 요한 볼프강 폰 괴테(Johann Wolfgang von Goethe)의 '폰(von)'은 귀족을 의미하는 말로 괴테가 평생의 업적을 통해 성취한 것이다. 그렇다고 부모의 뒷받침이 전혀 없었던 것은 아니다. 1749년 8월 28일 독일 프랑크푸르트에서 괴테가 태어날 당시 아버지는 황실 고문관이었다. 그러나 이 직함은 돈을 주고 산 명예직에 불과했다. 괴테의 집안은 원래 재산이 있는 평민이었다. 법학을 전공한 괴테의 아버지는 특별한 관직을 얻지는 못하고 그저 집안에서 대대로 물려받은 재산을 관리하며 살고 있었다. 괴테의 집안에 부족한 것은 돈이 아니라 명예였다.

이에 비해 괴테의 어머니는 나름대로 명예가 있는 유서 깊은 집안 출신이었다. 괴테의 외할아버지는 프랑크푸르트의 시장을 지내기도 했다. 그는 자신의 딸이 명색만 남은 귀족과 결혼해 궁핍하게 사느니 차라리 돈 많은 평민과 결혼해서 유복하게 살기를 바랐다. 그렇게 명예와 실리라는 조건이 서로 맞은 두 집안은 무려 22살이나 차이가 나는 신랑과 신부를 결혼시켰다. 이들 부부 사이에서는 여섯 명의 자녀가 태어났지만 당시에는 유아 사망률이 높아 어른이 될 때까지 살아남은 자식은 괴테와 누이동생 코르넬리아뿐이었다.

괴테의 아버지는 엄격하고 근엄한 원칙주의자였다. 그는 자신의 넉넉한 경제력과 한가로운 시간을 적극 활용하여 자녀들의 교육을 풍족하게, 그리고 세심하게 뒷바라지했다. 집에는 미술실, 음악실은 물론 황실이나 귀족 등 최상위 계층만이 사용했던 난방기구와 수도시설을 갖추어 불편함이 없었다. 심지어 방은 청나라의 벽지로 꾸며졌고, 부엌은 최신식인 데다 집안 곳곳은 진귀한 물건들로 장식되어 있었다. 가정교사들을 통해 영어, 프랑스어, 이탈리아어, 라틴어, 그리스어, 히브리어 등의 현대어와 고전어를 두루 습득하고, 고전문학 독서 및 비평, 그림, 피아노, 첼로 연주 등을 통해 예술적 자양분을 얻을 수 있었다. 괴테가 공교육을 거의 받지 않고도 어린 시절부터 높은 수준의 교육을 받으며 자신의 재능을 갈고 닦을 수 있었던 것은 '올바른 교육'에 대한 남다른 의지를 갖고 있던 아버지 덕분이었다. 아버지는 자신의 방을 책으로 꾸몄다. 당시에는 책이 귀해서 지식의 상징이자 부의 상징이기도 했기 때문이었다. 아버지의 책을 보면서 어린 괴테는 지성과 감수성을 키웠다.

괴테는 나중에 자서전 『시와 진실(Dichtung und Wahrheit)』을 통해 자신이 유년시절 받은 교육에 대해서 고마워는 했지만 아버지를 긍정적으로 말하지는 않았다. 자신에 대한 애정이 각

별했던 아버지가 부담스러웠기 때문이었다. 괴테는 같은 책에서 "아버지의 교육열은 과격해서 아이를 위한 체계적 교육에 문제가 있었다"고 회고하기도 했다.

아버지는 서편으로 난 쪽문을 통해 밖에서 집으로 돌아오는 괴테를 살펴보곤 했는데, 자유분방함을 좋아했던 괴테는 아버지의 이런 관심을 불편해했다. 아버지가 내다본 창에 '스파이 창'이라는 이름을 붙이기까지 했다. 아버지는 각 분야의 최고 지식인들을 가정교사로 들여서 괴테를 가르쳤다. 지금도 괴테의 아버지와 과외교사의 교육열을 프랑크푸르트에 있는 괴테 하우스—괴테의 생가로 알려졌지만 사실은 제2차 세계대전 때 폭격으로 파괴된 건물을 이후 복원했다—곳곳에서 확인할 수 있다.

한 예로 괴테하우스의 3층 복도에는 성인 키만 한 정교한 천문시계가 있다. 전체 4층 건물에 약 20개의 방이 있던 괴테의 생가 3층에는 괴테가 태어나 공부하고 놀던 방이 있었다. 3층의 이 천문시계는 초침이 분침을 돌리고 분침이 시침을 돌리고, 시침이 요일과 날짜와 연도를 돌린다는 내용이 장식으로 표시되어 있고 전면에는 별자리와 달의 움직임이 그려진 시계라기보다는 아름다운 예술작품 같다. 그런데 이 천문시계에는 재미있는 일화가 숨겨져 있다. 이 시계는 어린 괴테가 수학에 관심을 갖도록 수학을 가르치던 과외교사가 설계한 것이다. 지금으로 따지면 겨우 초등학생 나이였던 괴테를 가르치러 온 과외교사의 지적 수준이 어느 정도였는지 가늠할 수 있다. 아울러 아직 시계가 공장에서 대량생산되기 훨씬 전이라 귀족들의 사치품 정도로만 인식되던 시대에 과외교사의 제안에 따라 시계 제작비를 선뜻 댈 정도였던 아버지의 경제력과 자식 사랑도 동시에 확인할 수 있다.

그러나 괴테에게 진정 도움이 된 것은 아버지의 교육열이 아니라, 어머니의 사랑이었다. 자유로운 분위기의 프랑크푸르트 태생인 어머니는 쾌활하면서도 감성적인 성격이었다. 엄격했던 아버지와는 다르게 자식들에게 한없이 자애로웠다. 특히 어머니는 자녀들에게 특별한 방법으로 동화를 읽어주었다. 예를 들어 어린 괴테에게 밤마다 책을 읽어주면서 이야기의 절정 부분까지 읽어주고는 이렇게 말하곤 했다.

"아가야, 이 다음에 이어질 결말은 네가 한번 완성해보겠니?"

괴테의 어머니는 책의 내용을 수동적으로 듣는 것이 아니라, 적극적으로 이야기를 완성하도록 괴테를 이끌었다. 덕분에 괴테는 여러 가지 결말을 동시에 상상하게 되었다. 그러한 결말 중 가장 의미 있고, 재미있는 이야기가 무엇인지 고민하면서 자연스럽게 그의 문학성도 일찍 발달하게 되었다.

그러나 남다른 가정교육을 받았다고 해서 괴테의 삶이 마냥 긍정적이었던 것은 아니다. 괴테는 공교육을 거의 받지 않았기 때문에 또래와 어울릴 일이 없었다. 또래 친구들이 없는 괴테는 늘 외로웠다. 오늘날 대한민국 청소년들은 공교육도 받고 사교육 학원까지 다니면서도 친구들과 진정한 소통을 하지 못하고 공부나 폭력 서열의 경쟁자, 관계적 공격의 피해자 혹은 가해자가 되곤 한다. 또래와 적극적으로 소통하기보다는 자신만의 세계에 더 빠져든다는 점에서 비슷한 모습이라 하겠다.

괴테는 주로 가정교사들이나 어머니가 소개해주는 귀족들, 아버지의 친구들 등 어른들을 상대했다. 덕분에 생각이 너무 웃자라 어릴 때부터 애늙은이 같다는 말을 자주 들었다. 성격이 따뜻하지 않다는 평가 역시 들어야만 했다.

생각해보라. 외국어 습득에 남다른 재주가 있는 아이, 기억력이 출중해서 어른들에게 들은 설교 내용을 완벽하게 재구성할 수 있는 아이, 시를 잘 짓고 어른 앞에서도 말을 잘하는 아이에게 어떤 평가가 내려졌을지를. 괴테는 '어쩌면 저렇게 비인간적이다 싶을 정도로 뭐든지 잘하나' 하는 말이 나올 만큼 확실히 뛰어난 아이였지만 정작 '인간미 넘치는 사람'으로서의 싹은 잘 보이지 않는 아이였다. 그렇게 괴테는 유년기와 청소년기의 대부분을 보냈다.

1765년 16살이 된 괴테는 법학 공부를 위해 부모 곁을 떠나게 되었다. 이것은 괴테의 희망사항이 아니었다. 자신이 이루지 못한 꿈을 자식을 통해 이루려는 아버지가 내린 결정이었다. 아직 어린 괴테는 아버지를 거역하지 못하고 당시 대학도시였던 라이프치히로 등 떠밀리듯 떠났다. 그래도 대학에서 저명한 교수들에게 받는 가르침에 기대를 품었지만, 그들의 강의가 자신의 지적 욕구에 한참 미치지 못하는 수준임을 알고는 더 절망했다.

더 답답한 일은 자신감을 갖고 있던 문학적 재능도 대학에서는 인정을 못 받는다는 것이었다. 그래서 괴테는 불만스럽기 짝이 없는 대학생활을 그림을 감상하거나 영국 작가 윌리엄 셰익스피어 등을 탐독하는 것으로 에너지를 충전하며 버텼다.

만약 젊은 시절의 괴테를 모델로 한 드라마를 요즘 만든다면 곱게 자란 재벌 2세가 중2병에 걸려 좌충우돌하는 막장드라마쯤으로 치부되어 질타를 받다가 조기 종영을 했을지도 모른다. 하지만 괴테는 그런 상황에서도 20대에 『젊은 베르터의 고통』을 써서 크게 성공했다. 어떻게 그는 이런 약점에도 불구하고 단번에 성공할 수 있었던 것일까? 그리고 그런 미성숙한 청춘을 보낸 괴테가 어떻게 위인으로 성장할 수 있었던 것일까?

고통을 피하지 않는 이유

중2병에 걸린 사람들에게는 다른 세계를 만드는 것보다는 지금 자신이 믿고 있는 것과 자신의 감정이 중심이 되는 세상을 지키는 일이 더 중요하다. 현실을 변혁하는 데 나서지는 않아도 자신이 믿고 있는 바에 대해서 이것저것 이유를 다는 것에는 탁월한 능력을 갖고 있기 때문에 음모론을 만들어내는 일도 많다. 개인적 일에 대해서는 친구들의 숨겨진 의도가, 사회적 일에 대해서는 드러나지 않은 음모가 있을 것이라 믿으며 계속 이야기를 만들어내거나 음모론을 관심 있게 찾는다. 아무리 객관적인 증거를 들이대도 소용이 없다. 그들이 바라는 것은 사실이 아니라, 자신의 생각에 맞는 이야기일 뿐이다.

몇 백 년 전 유럽의 청춘들을 뒤흔든 베르터와 일본과 한국 등 세계의 오타쿠적인 마니아를 열광시킨 〈에반겔리온〉의 신지가 닮은꼴이라는 사실은 무엇을 말해주는가? 사람들은 과잉된 자의식에 마음을 빼앗기기 쉬운 감성을 갖고 있다. 신지는 일상 대화에서든 전투를 하는 조종실에서든 엄청난 독백을 쏟아놓고, 베르터는 친구의 편지에 답장하는 대신 자신의 경험과 생각을 이야기하는 데만 몰두한다. 이는 다른 사람이 자신을 이해해주지 못한다고 불평하지만, 정작 다른 사람을 이해하려는 노력은 하지 않는 바로 우리 자신의 모습은 아닐까?

나르시시스트적인 본성은 시대와 지역을 뛰어넘을 정도로 너무나 보편적이다. 고대 그리스에서는 나르시스를 통해 이야기되고, 근대 영국에서는 셰익스피어의 햄릿을 통해 이야기되었다. 독일에서는 괴테의 베르터, 현대 영국에서는 제임스 조이스와 버지니아 울프의 '나'에 의해 이야기되고, 최근에는 일본의 애니메이션 감독 안노 히데아키의 〈에반겔리온〉이나 〈그 남자 그 여자의 사정〉 등 여러 작품의 주인공들을 통해서 끊임없이 그려지고 있다.

자기 자신을 세상의 중심으로 생각하는 사람은 계속 현실에서 고뇌할 수밖에 없다. 세상의 중심은 객관적으로 '나 혼자'가 아니기 때문이다. 이것을 머리로는 알고 있지만 가슴으로 인정하기는 쉽지 않다. 자기 고통에만 몰두할 뿐 그런 고통을 낳은 현실을 바꾸기 위해 도전해서 결과를 경험한 적이 많지 않다 보니 좌절은 곧 극단적인 감정의 동요로 이어진다. 뭐든지 할 수 있다는 자신감이 꺾이면 곧바로 자신은 뭐든지 해도 안 된다는 생각이 머리를 채운다. 더 이상 희망을 갖지 못하고 베르터와 같은 선택을 하려는 사람이 많다. 안타깝게도 한국은 OECD 최고의 자살 국가이자, 한창 청춘의 기운이 뻗쳐오르는 시기인 청소년의 사망원인 1위가 자살인 나라이다. 이런 한국사회에서 『젊은 베르터의 고통』을 어떻게 읽어야만 할까?

젊은 베르터에게는 온통 고통뿐이었다. 부모가 설계해준 대로 열심히 살아서 또래보다 더 큰 성취를 거뒀던 괴테에게 도 행복보다는 고통이 더 컸다. 1등에 가깝든 꼴찌에 가깝든 대한민국의 청소년과 청춘이 행복보다는 불안과 두려움으로 인한 고통을 더 많이 느끼고 있는 것처럼. 그들은 그 고통에서 벗어나기 위해 허황된 망상에 빠지거나, 자신을 인정하지 않 는 세상을 증오하거나, 자신보다 더 많은 성취를 한 인간을 공 격하거나, 심지어 고통의 기본 배경인 시간을 자신의 손으로 없애려고 한다. 그런 행동이 행복에 도전할 시간마저 없애는 것임은 보지 않으면서.

중요한 것은 베르터의 고통은 자살로도 해결이 되지 않았 다는 점이다. 그는 자살로도 사랑을 이루지 못했다. 그의 마지 막 길은 그의 인생과 아무 상관없는 사람들로 채워졌다. 그렇게 다정다감하게 세상 사람들을 관찰하고 세세하게 의미를 찾던 사람의 인생이 왜 씁쓸한 결말을 맺게 된 것일까? 그것은 자신 을 중심에 놓고 다른 사람을 관찰하고 의미를 찾았기 때문이다. 결국 그는 마지막 순간까지 혼자일 수밖에 없었다.

청춘은 나이가 어리기 때문에 세상에 대한 경험이 많지 않다. 그래서 중년이나 장년보다는 아이처럼 세상을 보는 것에 익숙하다. 아이처럼 자기중심적으로, 자신의 경험보다는 상상을 근거로 판단하는 것에 익숙하다. 현실과 자신의 판단이 맞지 않을 때는 쉽게 상처를 받는다. 과감히 자신의 생각이 올바르지 않았음을 깨닫고 버리기보다는 자신에게 익숙한 생각을 지키는 쪽에 힘을 쓴다. 그래서 계속 성숙하지 못한 채 고통을 받는다. 그 고통의 끝은 비참하다. 비록 괴테 자신도 완벽하게 성숙하지 못한 20대 중반에 『젊은 베르터의 고통』을 썼지만 이 정도는 알고 있었다. 그래서 제목에 '사랑'이라는 말 대신, '젊음'과 그것의 통과의례인 '고통'을 차례로 배치했다.

괴테는 이렇게 말하고 싶었을 것이다.

"자유는 머릿속에서 누리는 것이 아니라 현실 속에서 누려야 한다. 현실 속에서 개인적 행복을 얻으려면 그것을 억압하는 사회 시스템을 변혁해야 한다. 사회의 변혁을 이루려는 의지를 다지려면 제대로 고통을 받아야 한다. 적당히 고통받고 적당히 이해하면, 적당히 적응하며 적당히 불행한 것만으로도 감지덕지하며 살게 되어 있으니까."

괴테가 젊음의 고통을 직관적으로 알고 있었다고 해서 그자신이 초월자의 위치에 섰던 것은 아니다. 괴테 자신도 딱히 사회소설이나 애정소설을 쓰겠다는 계획으로 『젊은 베르터의 고통』을 집필한 것 같지는 않다. 그보다는 지인의 자살 소식과 자신의 경험을 결합해 그냥 자기 머릿속에 있는 고통스러운 청춘 세계에 침잠하여 다른 사람과 교류할 생각도 하지 않은 채 자기중심적으로, 단 몇 주 만에 마음 가는 대로 쓴 것이라는 설명이 타당해 보인다. 즉 괴테 자신이 베르터처럼 미성숙하게 충동적으로 글을 쓴 것이다. 비록 이성적으로는 그 충동에 문제가 있음을 지속적으로 이야기하며 젊은이에게 경계하라고 했더라도 말이다.

완벽하게 해내지 못할 것이라는 생각에 지레 성숙을 포기하는 결정이 괴테가 가장 경계하던 것이었다. 그렇지 않다면 소설의 추가 인쇄본에서 소년이 아니라 "남자가 되라"고 엄하게 말할 이유가 없었다. 성숙해진다는 것은 분명 고통스러운 일이지만 그 과정이 지나면 심각한 일이 아니었던 것처럼 느껴진다. 사탕을 빼앗겼을 때 세상이 무너진 것처럼 울음을 터트렸던 아이는 나이가 들어 어릴 적 자신의 모습을 이야기할 때는 당시의 상처를 그대로 드러내는 것이 아니라 마치 농담처럼 말한다. 그게 성숙이다. 물론 이런 성숙의 경지에 오르려면 격렬하게 고통받을 수 있는 용기가 필요하다. 앞서 말했듯이 고통은 피한다고 줄어들지 않는다.

젊음의 고통은 맞서야 한다. 무조건적인 반항으로는 고통을 막을 수 없다. 오히려 베르터처럼 고통을 키울 뿐이다. 젊음의 힘을 적극적으로 활용하는 현명한 대응이 필요하다. 현명한 대응이란 섣부른 판단으로 무엇을 하는 것이 아니라 그저 고통을 끝까지 견뎌내는 것일 수도 있다.

성숙에는 고통이 따른다. 하지만 막연히 머릿속으로 생각하며 겁낼 정도는 아니다. 사람들의 존경을 받고, 한 분야에서 일가를 이룬 이들의 고통이 위인전과 다큐멘터리 등을 통해 미화되어 더욱 겁먹게 하는 것일 수 있다. 드라마나 영화에서 이별의 슬픔을 견디지 못하고 괴로워하는 주인공들과는 달리 막상 닥치면 '밥만 잘 먹더라'라는 유행가 가사처럼 담담하게 넘길 수도 있다. 젊은이들은 경험이 없다 보니 고통의 크기를 가늠할 수 없어 더 두려워하는 것일 뿐이다.

베르터는 제대로 직업을 가져본 적이 없으면서도 직업을 갖는 것이 속물적인 것, 노예가 되는 것이라 섣불리 말한다. 그는 "세상 일은 모두 허섭스레기 같은 것이다. 자신의 열정이나 욕구가 아니라 남을 위해, 돈이나 명예, 혹은 그 밖의 무엇을 위해 죽도록 일하는 인간은 바보일 뿐이다"라고 말하면서도 알베르트처럼 남을 위해 봉사하면서 돈과 명예를 얻고 성공하지 못하는 자신에 대해 절망한다. 알베르트처럼 노력을 하지도 않고 말이다. 베르터는 농부가 행복할 것이라고 말하면서도 정작 자신은 농사를 짓지 않았다. 자신은 그러기에는 특별하다며 모든 것을 머릿속으로만 판단하다가 한여름의 고통과 마주쳤다.

상처가 없으면 성장도 없다

평생의 무기가 될 지적 재산을 얻기 위해 직접 경험보다는 학교나 학원에서 간접 경험을 더 많이 할 수밖에 없는 청소년들이 현실을 부정적으로 묘사한 책이나 방송, 영화, 음악 등을 접했다고 생각해보자. 아마도 진짜 현실은 어떤지 직접 경험해보지도 않고 지레 염세적이 되어 고통스러워할 것이다. 18세기 후반 계몽주의나 그에 반대하는 작가들의 책을 보고 특정한 면에 치우쳐 세상을 판단하다 지친 유럽의 젊은이들처럼 말이다. 물론 그들이 이렇게 느끼는 것은 어쩔 수 없는 부분이다.

그런데 어쩔 수 없는 것이 또 있다. 뜨거운 여름의 고통이 지나야 시원한 바람이 부는 가을에 추수의 기쁨을 얻을 수 있는 것이 세상이다. 젊음의 성숙은 계절의 변화처럼 어쩔 수 없는 것이자 아주 자연스러운 것이다. 그것을 한때의 충동으로 거스르는 우매한 선택을 하지 말기를 괴테는 부탁하고 있다. 베르터는 늘 자유를 입에 달고 살았지만, 과감하게 선택한 자살로 자유를 얻지 못했다. 그 자신이 중심이 되는 세상에서 한 걸음도 자유로운 발걸음을 떼지 못했다. 자기가 믿는 세상, 자기가 믿는 연인의 차가움만 보았으니 죽어서까지 고통의 감옥에 갇힌 셈이다.

사람들은 흔히 '간절하게 원하면 이뤄질 것이다'라는 말을 믿고 자기만의 세계에서 성공에 대한 간절한 바람을 키운다. 하지만 성공하지 못하는 시간이 길어질수록 그 간절함이 독이 될 수도 있다. 베르터처럼 말이다. 그러니 청춘에게는 간절함보다는 다른 것이 더 필요하다. 자기를 이렇게 키워준 부모나 다른 사람을 욕하거나 환경을 탓할 게 아니라 진정한 대안을 찾아야 한다. 대안은 다양할 수 있지만, 괴테의 인생을 통해 보건대 가장 타당한 것은 바로 '새로운 도전에 대한 용기'이다.

새로운 도전에 대한 용기는 간절함에서 나오지만 간절하다고 해서 모두 용기를 낼 수 있는 것은 아니다. 용기 있게 새로운 도전을 하려면 '뭐든지 할 수 있다'라는 생각에서 벗어나야 한다. 고통을 주는 현실을 꼼꼼히 살펴보고 '이거라도 해야겠다'라는 생각을 더 많이 해야 한다. 이순신 장군이 목을 벤다고 위협해도 도망치려 하던 군사들이 태도를 바꾸어 명량해전을 승리로 이끈 원동력도 도망치면 살 수 있다는 막연한 희망을 버리고, 그렇게 도망가봤자 결국 왜구와 대적할 수밖에 없다는 현실에

직면했기 때문이다. '어차피 고통받으며 죽을 수밖에 없다면 이거라도 하자!' 부정적인 생각처럼 보일 수도 있지만, 이것이야말로 망상을 버리고 현실을 긍정하는 생각이다.

조기교육을 통해 많은 분야를 섭렵했던 괴테는 뭐든지 할 수 있다고 생각했다. 마치 근대의 사람들이 이성과 과학기술을 통해 뭐든지 할 수 있다고 생각했던 것처럼. 하지만 현실은 그렇지 않았다. 대학 공부든 사랑이든 괴테가 손을 대는 것마다 행복의 열쇠보다는 고통의 지름길에 더 가깝게 느껴졌다. 그럴수록 다른 학문 분야에 더 기웃거리고, 다른 친구들을 만나려 노력하고, 다른 여자들에게 더 관심을 보였다. 더 좋은 기회가 어딘가 다른 곳에 있을 거라 생각하면서. 그래도 고통이 계속되자 고통을 만드는 것은 다른 사람이나 환경이 아님을 괴테는 깨달았다. 자신이 준비되지 않아 다가오는 것들을 제대로 다루지 못해 상처를 더 키웠다는 사실을 알게 된 것이다. 그는 그런 삶의 끝을 소설을 통해 보여주고자 했다. 상처가 두렵다며 피하는 삶은 거기서 성장이 멈춘다. 상처를 받더라도 도전한다면 거기에서부터 성장이 시작되어 점차 고통을 줄여가며 결국에는 최고의 행복을 얻을 수 있다는 것을 괴테는 알았다.

'아프니까 청춘이다'(나는 '아파도 도전하니까 청춘이다'라고 바꿔 말하고 싶다)라는 말에 고개를 끄덕이면서도 도전할 용기가 나지 않는 때가 있다. 도전해도 성공한다는 보장이 없으니까 실패의 고통만 더 커질 것 같아 두려운 마음이 들기도 한다. 이런 독자를 위해서 괴테는 베르터의 입을 빌려 이렇게 말한다.

"상황이나 환경의 변화를 모색하고 싶은 욕망은 어쩌면 내 안에 잠재된 불편한 조바심의 또 다른 이름이 아닐까 싶어. 그 조바심은 어딜 가나 내 뒤를 그림자처럼 쫓아다닐 거야."

변화를 원한다면 도전해야 한다. 하지만 변화를 한두 번의 시도로 얻으려 한다면 성공이 아닌 실패만 더 깊어지게 될 것이다. 조바심에 의한 도전이 아니라 확신에 의한 도전을 해야 한다. 그것이 떠밀리듯 뭔가를 하는 사람과 자신의 의지대로 삶을 밀고 나가는 사람의 차이이다.

조바심과 두려움이 들 때는 다가올 미래의 결과보다는 이미 지나간 과거의 결과를 더 살펴보자. 미래에 내가 성공을 할지 안 할지는 모른다. 하지만 과거의 방법으로 어떤 결과를 얻었는지는 이미 알고 있다. 고통을 겪었던 것이 확실하다면 그 방법을 계속 써서는 안 된다는 사실을 깨달아야 한다. 방법을 바꾸지 않고 상황이나 환경이 변하기만 바라는 것은 그저 운에 맡기는 위험한 선택이다. 사람은 완벽할 수 없으니 실수를 하게 되어 있다. 실수는 빨리 할수록 더 나은 성장을 할 수 있다. 다음에 도전할 때 또 실수를 하더라도 다른 방법을 취하다가 실수한 거라면 그만큼 시행착오의 빈틈이 줄어드는 것이다. 그렇게 하면 조바심에 바로 결과를 바라는 자세에서 벗어나 마치 긴 시간 동안 방정식의 해를 구해나가며 정답과 가까워질 때와 같은 쾌감을 느끼게 된다. 물론 중간에 실패의 고통이 있지만, 그것은 예전처럼 그냥 '아픔'이 아니다. 더 빠른 '회복'과 '행복'을 위해 미리 경험하는 아픔이다. 그러니 그 아픔을 계속 피하려고만 하면 지금 당장은 그나마 행복한 것 같지만 결국에는 불행을 피할 수 없다. 소설 속 베르터의 삶은 물론, 이미 청춘을 다 보내고 다시 인생을 배우기 위해 종교적 자기계발서나 인문학 연수를 택하는 대한민국 중장년들의 삶도 마찬가지다.

청춘은 아픔을 겪기만 하는 패배자, 즉 루저(loser)가 아니다. 그런 아픔에도 불구하고 위기를 극복한 승리자, 즉 서바이버(survivor)이다. 전 세계 리얼리티 프로그램의 원조로 성공을 거머쥘 자격을 갖춘 사람을 뽑는 프로그램의 제목이 '위너(Winner)'나 '슈퍼맨(Superman)'이 아니라 '서바이버(Survivor)'였음을 잊지 말자. 성공하기 위해 고통을 견디는 것이 아니라, 고통을 견디며 살아가다 보면 성공하게 되어 있다. 서바이버들은 괴테가 말한 것처럼 '좋아하는 일을 하는 것이 아니라, 하고 있는 일을 좋아하면서 얻는 행복의 비밀'을 알고 실행하려 했던 사람들이다.

성공하기 위해 남이 설계해준 대로 공부하거나 계획만 세운 사람은 아무리 똑똑하고 잘해도 결국에는 내면의 불행을 겪는다. 하지만 계획이 없었더라도 열심히 뭔가를 실행하는 가운데 시행착오의 교훈을 얻어 또다시 도전하는 사람은 결국 행복을 얻는다. 많은 서바이벌 오디션이나 문학작품 속 주인공, 신문기사의 성공담에서 이를 어렵지 않게 확인할 수 있다. 고통 속에서 더 찬란한 생명력이 발휘된다는 사실을 잊지 말자. 괴테의 말대로 '모든 일은 쉬워지기 전까지 어려운 법'이다.

『젊은 베르터의 고통』을 오독하지 말자. 괴테 자신은 진심을 다해 이 책을 썼다고 말했지만, 책이 나온 다음 처음부터 끝까지 정독한 것은 개정판을 내기 전 딱 한 번이라고 밝혔다. 괴테가 겪은 절절한 청춘의 고통은 그만큼 컸다. 그 고통이 무엇인지를 처절하게 인식하고 있었기에 다시는 그런 상황으로 돌아가지 않기 위해 괴테는 더 열심히 살았다. 그는 고통스럽다며 한숨만 짓거나 고통이 사라진 상황을 떠올리는 망상에 빠지지 않았다.

고통 그 자체의 괴로움만을 보지 말고, 그렇다고 해서 고통이 끝난 다음의 미소만 떠올리면서 현실의 고통을 회피하지도 말자. 고통을 철저하게 인식해서 다시는 그 고통을 반복하지 않도록 노력하라. 누군가에게는 이 말이 진지한 교훈이라기보다는 가벼운 말장난처럼 들릴 것이다. 하지만 이 아슬아슬한 모순은 반항의 청소년기를 거쳐 여전히 자아정체성(self-identity)을 형성하지 못하고 반항을 일삼던 20대 중반의 괴테가 하고 싶었던 말이었다. 물론 아직 자기 자신도 위인으로 성장하지 못했으니 그 말은 거기까지였다. 하지만 그것만으로도 청춘의 괴테에게는 아주 멋진 변화를 가져왔다.

괴테는 자신의 뜻대로 사회적 변혁을 할 수도 없고 개인적 사랑을 이룰 수도 없다는 이유로 멋진 자살극을 벌여 자신의 순수한 의지를 증명해 보이려고 하지 않았다. 베르터와 다르게 그는 살아남았다. 그리고 발걸음을 자유롭게 옮겨 찬란한 삶을 이어나갔다. 나중에 그의 마지막 작품 『파우스트(Faust)』에도 쓴 대사처럼 노력하는 한 계속되는 방황을 통해서.

『젊은 베르터의 고통』

Die Leiden des jungen Werthers

『젊은 베르터의 고통』은 우울증으로 의심되는 마음의 병을 치료할 목적으로 시골의 작은 산간마을을 찾은 주인공 베르터가 1771년 5월 4일 "떠나올 수 있어서 얼마나 기쁜지 모르겠어"라며 빌헬름에게 보낸 편지로 시작된다. 괴테는 이후 베르터가 1772년 12월 23일까지 약 1년 8개월 동안 부정기적으로 친구에게 보낸 편지들을 시간적으로 배치해서, 독자들이 주인공의 주변상황, 애정관계, 사회상 등을 자연스럽게 파악할 수 있도록 했다.

이방인 생활에 나름대로 만족한 베르터는 마을 무도회에서 멋진 춤솜씨를 가진 쾌활한 여인 로테를 만나게 된다. 그리고 그녀의 검은 눈동자를 바라보면서 운명적인 사랑에 빠지게 될 것임을 '직관적으로' 느끈다. 베르터는 로테와 춤을 추며 자연스럽게 그녀에게 접근했다. 그리고 활활 타오르는 가슴을 억누르며 부드럽게 이야기를 나누었다. 베르터는 그렇게 그녀와 친해진다. 이제 낭만적인 사랑을 나누기만 하면 될 듯한 순간, 그녀에게 약혼자 알베르트가 있다는 사실을 듣게 된다. 베르터는 로테의 약혼 사실에 깊은 상실감을 느낀다. 그러나 그 상실감은 로테와의 새로운 사랑에 대한 희망까지 끌어내리지는 못했다.

베르터는 그 이후로도 오로지 만나고 싶다는 마음 하나로 로테를 계속 만난다. 이미 약혼자가 있는 상황에서의 만남이기에 비윤리적이라는 것은 베르터도 알고 있었지만, 그의 마음은 그런 것을 따질 여유도 없이 사랑을 향해 줄달음쳤다.

베르터가 로테에게 계속 빠져드는 사이, 일 때문에 도시로 나가 있던 알베르트가 돌아온다. 어쩔 수 없이 로테와의 만남을 자제해야 하는 상황. 로테에 대한 사랑이 죄가 되는 것을 깨달은 베르터는 슬픔에 빠진다. 하지만 로테에 대한 애정과 슬픔은 가슴 깊은 곳에 묻어둔 채 베르터는 로테를 위해서 알베르트와 친분관계를 맺는다. 이것은 베르터의 마음을 묘하게 흔들어놓는다. 베르터와 알베르트는 어느 날 자살에 관한 토론 중에 심한 논쟁을 벌이게 된다. 베르터는 엄격하게 결과와 형식만을 중시하는 알베르트가 로테와는 어울리지 않는다고 생각한다. 그런 사람은 자신의 소중한 여인에게 행복을 줄 수 없을 것이라 생각한 베르터. 이성적이면서도 감성적인 자신과 같은 사람이 로테의 곁을 지켜주면 좋을 것이라는 생각에 그는 더 안타까워한다.

8월 28일, 생일을 맞이한 베르터에게 로테는 두 권의 책과 리본을 선물한다. 그것은 로테를 처음 만났을 때 그녀의 가슴에 달려 있던 리본이었다. 책은 호머의 책이었다. 그것을 사랑의 징표로 생각한 베르터는 리본에 입을 맞추며 더 큰 열병에 빠진다. 세 사람이 함께 만날 때는 이제 자신의 친구이기도 한 알베르트의 입장도 생각하게 된다. 그런 상황에 괴로워하던 베르터는 여행을 떠나기로 결심한다.

여행이라기보다는 로테와 알베르트로부터의 도피에 가까운 시간을 보내고 돌아온 베르터. 그에게는 로테가 알베르트와 결혼했다는 절망적인 소식만이 기다리고 있었다. 결혼 후 베르터를 차갑게 대하는 듯했던 로테는 시간이 지나자 베르터와 다시 예전처럼 다정하게 시와 음악으로 마음을 주고받는다. 그런 감정적 교류 때문에 사랑하는 사람을 마음 놓고 사랑하지 못하는 베르터의 고통은 다시 더 커진다.

1772년 11월 말, 베르터는 로테를 사랑하다 미쳐버린 청년 하인리히의 이야기를 알게 된다. 그는 한때 로테 아버지 밑에서 서기로 일했으나 로테를 남몰래 사모하다가 사랑을 고백하는 바람에 해고되었고, 끝내는 미쳐버리고 말았다. 이 이야기를 베르터에게 전해준 사람은 얄궂게도 바로 로테의 남편 알베르트였다. 베르터는 그 청년을 더욱 동정하면서, 그와 별반 다르지 않은 자신의 처지에 슬픔을 느낀다.

한편 베르터에게 사랑의 고통을 호소하던 한 농부가 사랑 때문에 살인을 저지르는 사건이 일어난다. 농부는 사람들에게 잡혀 나오면서도 "아무도 그녀를 차지하지 못해요"라고 당당히 말했다. 베르터는 사랑하는 여인과 하나가 되고자 한 이 농부에게 잘못이 없다고 생각했다. 또한 자신은 이렇게 용기를 내어 실행하지 못하는 것에 큰 충격을 받았다. 베르터는 살인을 저지른 가해자가 아닌 이 가여운 사랑의 피해자인 농부를 구해줘야겠다고 생각해 그의 변호를 맡는다. 하지만 베르터의 변론도 소용없이 농부는 결국 사형선고를 받는다. 베르터가 실망감에 한없이 비척거리던 바로 그때, 로테는 남편의 충고에 따라 앞으로 둘의 만남을 자제해야겠다는 통보를 해온다. 이것이 더욱 더 베르터를 헤어날 수 없는 절망의 구렁텅이에 빠뜨린다.

12월 21일 월요일 아침, 베르터는 로테에게 다음과 같은 편지를 쓰기 시작한다.

"로테, 마침내 결심했습니다. 당신이 이 글을 읽을 때면 나는 무덤에 누워 있을 것입니다. 지난밤은 무섭고도 고마운 밤이었습니다. 마침내 죽을 결심을 한 밤이었으니까요."

편지를 쓰고 나서 저녁 6시경 베르터는 자신의 감정을 가슴에 더 이상 눌러 담고 있을 수만은 없어 마지막으로 로테를 찾아간다. 그리고 과감하게 로테를 껴안고 키스를 퍼부으며 사랑을 고백한다. 그렇지만 로테는 그런 그를 뿌리치고 옆방으로 뛰어가 문을 잠가버린다. 로테에게 작별인사를 하고 집으로 돌아온 베르터는 다음 날까지 그 전날 쓰기 시작한 편지를 썼다.

11시경 베르터는 하인을 시켜 알베르트에게 짤막한 편지를 전한다. 여행을 떠나려고 하는데 호신용 권총을 빌려줄 수 있는지 묻는 내용이었다. 한편 로테는 간밤에 여러가지 생각 때문에 잠을 이루지 못했다. 베르터의 심부름을 하는 하인이 찾아와 알베르트에게 편지를 전하자, 알베르트는 로테에게 총을 하인에게 주라고 말했다. 로테는 마음이 편하지는 않았지만 권총을 내려 먼지를 털고는 하인에게 건네주었다. 베르터는 하인에게 총을 건네받고는 편지를 쓰기 시작했다. 베르터는 편지를 다음과 같이 마무리한다.

"로테, 나는 조금도 두렵지 않습니다. 당신을 위해 죽을 수 있다니 행복합니다. 이제 탄환을 재었습니다. 12시를 치는 소리가 들리는군요. 자, 그럼. 로테, 안녕! 안녕! 안녕!"

베르터는 자신을 향해 권총의 방아쇠를 당긴다. 이웃 사람들도 총소리를 들었지만 다시 총소리가 나지 않고 조용해졌기 때문에 별 의심을 품지 않았다. 다음 날 아침 하인이 방에 들어올 때까지 그의 자살을 알아차린 사람은 없었다. 베르터의 자살 소식을 접한 로테는 정신을 잃었고 낮 12시까지 가느다란 숨을 쉬던 베르터는 끝내 숨을 거두고 말았다. 그의 유해가 운반되는 길에는 로테도 알베르트도 함께하지 않았다. 길에는 유해를 운반하는 일꾼들과 유언에 따라 법적인 사후 처리를 할 늙은 법무관과 그의 아들들뿐이었다. 베르터가 자살을 했기 때문에 성직자는 한 사람도 따라가지 않았다.

괴테의 출세작 『젊은 베르터의 고통』은 두 가지 다른 제목으로 국내에 번역되었다. 하나는 '젊은 베르테르의 슬픔'이다. 이것은 '베르테르'라는 이름부터 독일어 발음에 맞지 않는 문제가 있다. 그보다 더 큰 문제는 '슬픔'이라는 단어가 실연의 상처를 너무 강조하여 이 소설이 한낱 애정소설로만 해석될 가능성을 크게 한다는 점이다.

'작가 자신의 실연의 상처와 당시의 비극적 사건을 결합해 만든 작품이 애정소설이 아니라니?' 고개를 갸웃하는 독자가 있을 수도 있다. 이에 대한 답은 소설의 다른 번역 제목인 '젊은 베르터의 고뇌'에서 찾을 수 있다. '고뇌'는 '슬픔'이라는 감성적인 단어보다 훨씬 진지하고 이성적이며 철학적인 무게감이 느껴진다. 이 제목을 좋아하는 사람들은 『젊은 베르터의 고통』을 사회비판 소설로 이해하고 있다.

괴테는 사랑 이야기라면 단순하게 묘사하고 넘어갈 수 있는 부분에서도 당대 사회에 대한 비판적 시각을 집어넣느라 공을 들였다. 덕분에 소설은 베르터와 로테의 밀고 당기는 사랑 이야기 이외에 많은 사회 문제들에 대한 사색이 들어가 있다. 이렇듯 사랑의 슬픔과 사회적 고뇌를 다 담고 있으니 이 책의 제목은 양자를 아우를 수 있는 단어인 '고통'을 사용한 『젊은 베르터의 고통』이 가장 적합하다.

2장

방황, 성장을 위한 필연

독일을 바꾼 질풍노도 운동

독일문학사에서 1771년 무렵에서부터 1786년 이전까지의 약 15년을 '질풍노도(Sturm und Drang)의 시기'라고 부른다. 이 시기는 젊은 문학가들에 의해서 폭발적으로 추진되었던 당시의 혁명적 문화운동을 의미하기도 하지만, 주로 괴테와 실러(Friedrich von Schiller)가 함께 활동한 낭만주의 문학 사조를 의미한다. 질풍노도 시기라는 말은 격정적인 희곡으로 유명한 프리드리히 막시밀리안 클링거(Friedrich Maximilian Klinger)가 1776년 발표한 희곡 제목 『질풍과 노도(Sturm und Drang)』에서 따와 후대의 역사가들이 당시 독일 문예운동에 붙인 것이다. 현재는 좌충우돌하며 성숙한 자아를 형성하는 10대 청소년기를 지칭

하는 단어로 더 많이 쓰이고 있지만 말이다.

괴테가 소설로 성공을 거두기 전 독일문학은 유럽의 변방 취급을 받았다. 고대 희랍의 문학, 혹은 유럽의 주류 무대에서 활동하는 프랑스나 영국문학 등을 모방하는 것이 주된 흐름이었다.

사회 전반에서도 마찬가지였다. 독일은 후진국으로서 다른 유럽국가 앞에서 주눅이 들어 있었다. 독자적인 가치관을 당당하게 세우지 못하는 상태에서 여러 나라에서 수입된 가치관들이 충돌하는 혼란이 계속되었다. 독일의 정신문화는 외부의 힘에 따라 이리 기우뚱 저리 기우뚱 하고 있었다. 즉 독일은 외견상 독립국가였지만 사상적으로는 주변 국가와 심지어 이미 역사 속으로 사라진 고대 국가의 속국으로서 주체적 자유가 없었다.

독일에서 나고 자란 지식인 중에서 이런 상황에 답답함을 느낀 사람이 있었다. 그는 바로 요한 고트프리트 헤르더(Johann Gottfried Herder)였다. 헤르더는 당시의 여느 독일 교양인들과는 전혀 다른 사상을 갖고 있었다. 그는 1770년 겨울 괴테와 교류하며 독일문화의 발전을 앞당긴다. 그러나 이는 모두 우연에 의한 것이었다. 당시에 괴테는 그저 현실에 불만 많은 대학생에 지나지 않았으며, 헤르더는 눈병 치료차 괴테가 다시 학업을 시작한 도시 스트라스부르크에 머물고 있었다. 우연한 만남. 그러나 그것이 스쳐 지나가는 인연이 되지 않고 역사가 될 수 있었던 것은 그만큼 많은 독일 교양인들에게 현실에 대한 비판이 참을 수 없을 정도로 누적되어 있었다는 뜻이다.

당시 유럽을 휩쓸고 있었던 것은 계몽주의와 낭만주의였다. 계몽주의는 이성을 중시했고, 낭만주의는 인간의 감정을 이성보다 중시했다. 또한 집단과 사회보다는 개인을 더 중시했다. 이는 소설 속 베르터의 생각과 흡사하다. 계몽주의자가 보기에 이런 생각은 감성에만 치우쳐 인간을 흐느적대게 할 뿐 현실을 바꾸지 못하는 치명적인 약점을 안고 있었다. 반면에 낭만주의자들은 계몽주의가 인간을 계산 기계로 만드는 악마와도 같은 것이라며 배격했다. 이렇듯 괴테가 살았던 18세기 중반 이후의 유럽은 여러 사상의 대립으로 혼란스러웠다. 또한 사상이 나라와 나라 사이에 전파되는 동안 변질되어 그 혼란은 더욱 가중되었다.

예를 들어 계몽주의는 1789년 프랑스혁명의 사상적 기조가 되어 유럽대륙에 큰 반향을 불러일으켰다. 그런데 아래로부터의 사회 변혁을 주장한 프랑스의 계몽주의가 시민계급을 자유롭게 해방시키는 사상으로 발전한 것에 비해, 독일의 계몽주의는 시민이 지켜야 하는 규칙을 강조하는 방식으로 변질되어 오히려 낡은 체제를 수호하는 수단으로 활용되었다. 그래서 베르터가 더 분노한 것이며, 많은 지식인과 젊은이가 그에게 공감한 것이다. 변질된 계몽주의에 대한 분노는 그것에 반발하여 새로운 길을 모색하는 문예 활동으로 나타났다. 그것이 바로 독일의 젊은 작가들이 주도한 '질풍노도 운동'이다.

질풍노도 운동 시기의 독일 작가들은 영국이나 프랑스의 영향을 받았지만, 단순히 모방하는 수준에 머물지 않았다. 그들은 한 발 더 나아가 독일인 나름대로의 시각으로 진정한 감성을 일깨우고, 자연관을 형성하며, 개인적 자유를 모색하는 내용의 시, 소설, 희곡 등을 발표했다. 그 대표적인 사례가 바로 괴테의 『젊은 베르터의 고통』이었다. 이러한 시대적 배경 때문에 철학자나 문학비평가 중에는 괴테의 작품을 사회비판 소설로 분류한 이들도 있다.

당시 변호사였던 괴테는 변호사 일보다 문학 활동에 더욱 열정적이었다. 그는 자신을 사로잡은 셰익스피어를 기리며 본격적으로 질풍노도 운동에 뛰어들어 1773년 『괴츠 폰 베를리힝겐』을 출간했다.

1년 후인 1774년 괴테는 독일인의 정신적 고뇌를 보여준 『젊은 베르터의 고통』을 출간하며 독일인의 독립적 예술 정신을 세계에 알린다. 헤르더에게 들었던 사회의 전체성과 이성의 보편성, 감성의 개별성이 모두 통합된 작품을 쓴 것이다. 즉 괴테는 그 자신이 헤르더가 말한 '천재'로서 독일 질풍노도 운동의 비약적 발전을 직접 보여주고자 했다. 그래서 이 작품에는 개인적인 실연의 상처 외에도 레싱의 예술관에 대한 날카로운 비판, 당시 사회에 퍼져 있던 프랑스 주도의 합리주의적 정신문화에 대한 독일인으로서의 반감 등이 많이 들어가 있다.

『젊은 베르터의 고통』을 쓴 다음에도 괴테는 멈추지 않았다. 1775년 『초고 파우스트(Urfaust)』를 썼으며 희곡 『클라비고(Clavigo)』와 『스텔라(Stella)』도 완성했다. 오페레타 〈에르빈과 엘미레(Erwin und Elmire)〉와 〈클라우디네 폰 빌라 벨라(Claudine von Villa Bella)〉를 썼으며, 일일이 열거하기도 힘들 정도로 다수의 시를 발표했다. 괴테뿐만 아니라 독일의 다른 젊은 작가들도 기존에 없었던 주제와 표현에 도전하며 활발한 활동을 벌였다.

질풍노도 운동 시기의 작품들을 보면 가히 천재적이라는 말이 절로 나온다. '어떻게 이런 생각을 당시에 할 수 있었을까?' 그들도 천재를 자처했다. 그러나 그 의미는 그저 얄팍한 자만심이나 성공담의 주인공이 되어 텔레비전 인터뷰를 하는 사람들의 심리와는 다른 것이었다. 그들이 스스로 칭한 '천재'는 자유를 억압하는 기존 규칙과 형식을 무시하고, 감정이 나아가는 대로 창작을 하는 독창적인 존재였다. 즉 탁월한 이성을 갖춘 능력자가 아니라, 기존 문화에 대한 반항자이자 감성을 중시하는 새로운 문화의 창조자로서의 '천재'였다. 질풍노도 운동의 작가들이 이렇게 새로운 개념의 천재를 강조하다 보니 질풍노도 시기를 '천재시대(Geniezeit)'라고도 한다.

자연 그대로의 인간을 발견하라

중세유럽은 종교, 즉 신이 중심이었다. 근대는 인간이 중심이라고는 하지만, 인간의 전체 고유성이 아닌 이성만을 중심으로 삼으려 했다. 이것은 중세와는 또 다른 억압이었다. 그래서 자유를 열망하며 그 어떤 것─심지어 그것이 사랑이라고 해도─에도 얽매이고 싶지 않았던 괴테는 가장 열정적으로 질풍노도 운동을 펼쳤다. 인간과 그 집합체인 사회는 오직 자유 속에서만 진정한 성공에 도달할 수 있다고 믿었기 때문이다. 괴테는 자서전 『시와 진실』에서 다음과 같이 이때의 생각을 밝혔다.

"우리가 살고 있던 시대는 요구의 시기라고 불러도 좋을 것이다. 우리는 자기 또는 타인을 향해서 아직 아무도 실행하지 못했던 것을 요구했다. 즉 사려 깊고 감정이 풍부한 사람은 자연에 관한 직접적이고 독창적인 견해와 그것에 기인한 행동이야말로 인간이 소망할 수 있는 최선이며, 또 그것을 획득하는 일이 결코 어렵지 않다는 것을 깨닫기 시작했다. 그래서 체험이라는 말이 또다시 우리의 신호가 되었고, 누구나 할 수 있는 한 눈을 크게 떴던 것이다."

작가들은 체험(erlebnis)을 중요하게 생각했다. 체험은 과거의 기억이 아니다. 자신이 주관적으로 갖고 있는 생생한 의식이다. 객관성이 아닌 주관성이 핵심이다. 지금까지 부모가 자신을 위해 세운 계획대로 세상을 경험하며 객관적이고 세속적인 성공에 신경 썼던 괴테에게는 커다란 전환점이 되었다.

질풍노도 시기의 작가는 스스로 체험하며 생각을 발전시켰고, 자신의 생각과 감성을 통합한 새로운 이야기로 자신을 표현했으며, 그 힘으로 살아갈 이유를 찾았다. 덕분에 그들의 작품은 당시 사람들의 보편적 삶뿐만 아니라 작가 개인의 삶까지 담고 있어 독보적인 가치를 지닐 수 있게 되었다. 참된 삶을 일깨워야 한다고 주장은 하면서도 그런 삶이 무엇인지 보여주지는 못했던 계몽주의 시대의 팍팍한 글이 아니라, 작가의 열정적 체험에 바탕을 둔 촉촉한 감성에 사람들은 열광했다. 약 15년 동안 일부 작가 집단의 집중적 창작으로 전체

사회의 정신문화를 바꾸는 성과를 얻었다는 것은 현대적 의미에서도 가히 천재적이라고 할 수 있겠다.

괴테가 모차르트의 천재성을 높게 평가하며 했던 다음의 말은 어쩌면 괴테 자신과 질풍노도 운동의 작가들에게 더 어울리는 것인지도 모른다.

"천재란 시대를 초월하는 것을 창조하는 사람이다. 어떻게 시대를 초월하는가 하면, 천재의 작품에는 측정할 수 없는 깊이가 있어서 시대와 함께 더욱 더 성장해간다. 그것은 민족 속에서, 예술가 속에서 계속 성장해간다. 모차르트의 음악에서 엿보이는 멜랑콜리는 시대가 변하면서 각각의 시대감각에 따라 자유로이 받아들여지는 보편성을 띤다. 멜랑콜리라고 하는 것은 결코 비애나 슬픔만을 뜻하는 것이 아니다. 그 속에는 미소가 들어 있으며 약간의 기쁨도 들어 있다. 그것은 삶의 기쁨을 느낌과 동시에, 죽음에 대해서도 피할 수 없는 필연성을 느끼는 기분이다. 그리고 이 기분은 모차르트의 어느 작품에도 나타나 있다. 아름다운 자연의 풍경도 언젠가는 사라져간다는 애수를, 기쁨과 아픔을 모차르트는 동시에 느낀 것이다."

질풍노도의 천재들은 무엇인가를 더하여 더 이상적인 상황이 되는 것을 강조하지 않았다. 인위적인 것을 걷어내기만 해도 더 이상적인 상황이 될 수 있음을 보여주고자 했다. 인위적인 것을 뺀 상태는 곧 자연에 가까운 상태이다. 그 자연은 신이 창조한 자연이기는 하지만 그렇다고 신을 다시 중세처럼 불러오지는 않았다. 무조건 '인간적 욕심을 내려놓고 힐링하며 사는 삶' 혹은 '주어진 것에 만족하며 묵묵히 살아가는 지혜'를 강조하지도 않았다.

베르터가 맨 처음 편지부터 줄기차게 묘사한 것처럼 자연과 벗하는 삶과 자연 그 자체는 동경의 대상이었다. 베르터의 8월 18일 편지는 이러한 특성을 아주 잘 드러내고 있다.

"예전에 바위 위에서 강 건너 저쪽 언덕까지 이어진 풍요한 골짜기를 굽어보며 내 주위의 모든 것이 싹트고 생기에 넘치는 것을 바라보았지. 또 기슭에서 산봉우리에 이르기까지 큰 나무들이 울창하게 뒤덮여 있는 저 산들과 아름다운 숲 그늘 아래 구불구불 뻗어 있는 저 골짜기들을 바라보았지. 조용히 흐르는 시냇물은 소곤대는 갈대 사이를 미끄러지듯 빠져나가면서 다정스러운 저녁바람이 일렁일렁 불어 보내는 사랑스러운 구름을 그 수면에 비추고 있었지. 그리고 새소리는 사방에서 기차게 춤추고, 풍뎅이들은 태양의 마지막 섬광을 받으며 풀숲에서 해방되어 붕붕거리면서 날아다녔지."

실로 자연을 세세하게 관찰해 나온 묘사가 아닐 수 없다. 단순한 묘사가 아니라 그 광경을 '모든 것이 싹트고 생기에 넘

치는 것'이라며 동경의 대상으로 정의하고 있다. 이윽고 베르터
는 이렇게 말한다.

"생명을 지닌 것들이 천태만상으로 이 세계에 가득 차 있단
말이야. 그런데 인간은 그 조그마한 집에 모여 살면서 몸의 안
전을 도모하고, 거기에 보금자리를 틀고 있으면서 딴에는 넓은
세계를 지배하고 있는 줄만 알고 있는걸세! 오, 가엾고 어리석
은 존재여!"

질풍노도의 작가들은 베르터가 그랬듯이 자연을 관찰하며
삶을 인위적 왜곡이나 착각 없이 '있는 그대로' 자연스럽게 보
고자 했다. 그렇다면 베르터의 편지 내용은 의도적인 사회비판
이나 감상적 낭만주의의 표현이라기보다는 하루에도 수천 번
바뀌는 당시 사람들의 심리상태와 생각을 '있는 그대로' 표현한
것일 수 있다. 여러 가치관의 충돌, 욕망과 이성의 갈등에 혼란
스럽고 불안하기만 한 내면, 남에게 공개적으로 솔직하게 표현
하기 힘들었던 생각을 작품 속에서 확인한 당대의 독자들은 공
감할 수밖에 없었을 것이다. 그 공감은 현대인에게도 유효하다.

교육, 성숙의 첫째 조건

한참 질풍노도 운동이 진행되던 시기인 1777년, 괴테는 앞으로 20년간 집필하게 될 책을 구상한다. 그것은 바로 『빌헬름 마이스터의 수업시대(Wilhelm Meisters Lehrjahre)』이다. 이 책은 『젊은 베르터의 고통』에 이은 괴테의 두 번째 장편소설이다. 괴테는 이 소설을 재미를 위해 쓰지 않았다. 아마 본인도 쓰면서 재미있지는 않았을 것이다. 그랬다면 몇 주 만에 탈고한 이전의 장편소설과 다르게 20년간이나 끌었을 리가 없다. 괴테는 독자에게 교훈을 주기 위해 이 소설을 썼다. 원래 그는 이 이야기를 질풍노도 운동 시기에 연극소설로 쓰기 시작했으나 완성하지 못했다. 이탈리아를 여행한 후 친구 실러의 권유에 따라 초고의 방향을 바꿔 주인공의 자아실현 과정을 보여주는 총 8권의 교양소설로 만들었다.

괴테 자신이 청년일 때부터 구상을 시작해서 질풍노도 운동 시기가 끝난 후 장년기에 들어선 1796년 완성한 이 작품에는 개인과 사회의 면면에 대한 괴테의 생각이 촘촘하게 들어가 있다. 소설의 제1권에서 제5권까지는 연극 세계에서 빌헬름이 도전하는 이야기를 담고 있다. 제6권은 빌헬름이 등장하기는 하지만 '아름다운 영혼의 고백'이라는 제목으로 주인공 빌헬름이 아닌 어느 여성의 수기를 집어넣어 이후 진행되는 이야기의 전환점으로 삼았다. 제7권과 제8권은 빌헬름과 탑의 결사와의 관계를 주로 다루고 있다. 탑의 결사는 댄 브라운의 『다빈치코드』와 같은 음모론을 다룬 작품에 자주 등장하는 프리메이슨(Freemason)이나 일루미나트회(Illuminatenorden)를 모델로 했다. 참고로 이 두 비밀결사는 18세기 후반 상류사회 사람들을 중심으로 왕성하게 활동했으며, 괴테도 한때 몸을 담았다. 소설 속에 나오는 탑의 결사와 관련된 여러 내용들은 실제 괴테의 체험을 바탕으로 해서 묘사가 더 실감난다.

이 탑의 결사가 지난한 수업시대를 통해 빌헬름에게 전수하고자 했던 것은 과연 무엇이었을까? 현대를 살아가는 우리의 표현으로 바꾸면 그들의 교육목표는 과연 무엇이었을까? 교육은 그 사회의 미래를 이끌어나갈 사람을 길러내는 것이다. 즉 사회의 지향점과 떼려야 뗄 수 없는 관계다. 각 집단은 그저 좋은 인간을 만드는 것이 아니라 '어떤 의미에서 좋은 인간'인지를 교육목표를 통해 명확히 정의한다. 가장 큰 사회 집단인 국가는 저마다 다른 교육목표를 갖고 있다. 대한민국은 '민주국가의 발전'과 '인류공영의 이상 실현'에 이바지하는 인간을 양성하는 것을 교육목표로 두고 있다. 이에 비해 북한(조선민주주의인민공화국)의 교육목표는 '지덕체를 갖춘 사회주의적 인간형을 양성'하는 것이다. 모두 빌헬름이 도달하고 싶었던 독립적인 자아실현이나 개인적 행복이 아니다. 그보다는 사회적인 차원을 더 강조하고 있다. 탑의 결사 역시 사회적인 차원을 강조했다. 연극에 뛰어들 때만 해도 빌헬름은 사회적 차원의 고민은 거의 없었다. 탑의 결사는 그런 그를 왜 사회적 차원에 대해 고민하는 수업시대를 통해 장인으로 이끈 것일까? 그 답은 괴테의 인생에 있다.

괴테는 빌헬름처럼 부유한 집안 출신이었다. 안락한 삶이 보장되는 가업을 잇고 싶은 마음이 별로 없었던 것도 빌헬름과 닮아 있었다. 그래서 희곡을 쓰고, 소설을 쓰고, 시를 쓰는 등 예술가로서 자아실현을 하기 위해 방황을 한다. 소설 속 빌헬름도 비슷한 행보를 보인다. 그런 방황이 사실은 괴테를 가장 괴테답게 만들어주는 길이었다. 1777년 바이마르로 근거지를 옮겨 원고를 구상할 무렵의 괴테는 예전처럼 단지 예술적 잠재력만 큰 인물이 아니었다. 그는 현실에서 예술가, 행정가, 과학자로서 자신의 정체성을 한껏 펼쳐나가며 자신이 꿈꾸던 대로 사회를 변혁시키고 있었다.

괴테는 개인적 행복과 고통에 대해서 고백하는 감상적인 예술을 하고 싶었던 것이 아니다. 사회를 변화시키는 예술을 하고 싶었다. 다른 질풍노도 운동의 작가들도 개인적 차원의 변화뿐만 아니라 사회적 차원의 변화도 강조했다. 괴테는 사회적 변화를 예술뿐만 아니라 세제 개혁, 도로 건설 등으로 이룩하고 있었다. 즉 어느 한순간 힘을 모아 혁명을 일으키는 급진적인 방법이 아니라, 여러 사람들과의 상호작용과 사회적 요소들을 적극 활용해서 점진적으로 세상을 변화시키고 있었다. 괴테는 개인적 성숙과 사회적 성숙을 동시에 이루며 행복감을 느꼈다.

그렇게 성공과 행복을 함께 거머쥔 사람이 오늘을 살아가는 독자들에게 해줄 수 있는 말은 무엇일까? 괴테는 청년들이 베르터와 같은 잘못된 선택을 하지 말고, 자신처럼 개인의 능력을 개발해서 자아실현을 하기를 바랐을 것이다. 그리고 그들 각각이 새로운 독일정신을 가진 '형제'가 되어 각자의 분야에서 또 다른 사람이 자아실현을 하도록 도울 수 있기를 바랐을 것이다. 자신이 영향을 미치는 모든 곳에서 유의미한 결과를 얻어내려고 추진력을 발휘했던 괴테 자신을 따라서. 아니, 무결점의 인간이었던 탑의 결사의 우두머리 로타리오를 따라서 말이다.

로타리오는 그냥 멋진 이념만을 가진 사람이 아니었다. 그 자신이 말한 것처럼 '공상에 찬 천국의 꿈이 아니라 지상에서의 확고한 꿈을 실현시키고자 하는' 인격과 기술을 함께 갖추고 있었다. 덕분에 로타리오가 이끄는 탑의 결사는 봉건적 토지제도에 대항할 수 있는 구체적 제도 개혁안을 내놓는 사람, 토지관리와 재정관리 능력이 출중한 사람, 투자와 무역을 잘하는 사람들로 채워지게 된다. 그 길을 따르는 사람 중의 하나가 빌헬름이었다. 빌헬름은 처음에는 상업을 하는 집안을 부정하고, 예술을 하겠다고 길을 나섰다. 하지만 아버지의 유산을 탑의 결사의 이념에 맞게 활용하고자 토지를 공동 매입하는 과정에 긍정적으로 함께하게 된다. 단 5년 만에 개인적 갈등의 대상이었던 것과 조화를 이루며 그것을 세상과 자신의 이념을 위해 활용할 줄 아는 지혜를 얻게 된 것이다. 괴테는 이것이 장인이 되는 '성숙(bildung)'이라고 보았다. 그러한 성숙을 이루기 위해서는 적절한 수업시대, 즉 교육이 필요함을 강조했다.

괴테는 소설 제목을 '청년 빌헬름의 성공'이라고 하지 않았다. 빌헬름이 어떤 성공을 했는지에 독자가 더 주목하기를 바라지 않았기 때문이다. 대신 지난한 수업시대를 거쳐 마이스터로 성장하는 과정에 더 집중하도록 '빌헬름 마이스터의 수업시대'라는 제목을 택했다. 따라서 탑의 결사의 최종 교육목표가 무엇이며, 그것을 빌헬름이 성취했는지 아닌지 등 결과에만 주목하는 것은 괴테가 이끄는 수업시대를 제대로 밟는 것이 아니다. 결과에 대해서는 『빌헬름 마이스터의 편력시대(Wilhelm Meisters Wanderjahre oder die Entsagenden)』에서 살펴봐야 한다. 괴테의 답은 이렇다.

"자기계발을 통한 완전한 자아실현을 하기 위해서는 사회적 차원에 대한 고민이 필요하며, 자아실현의 장도 사회적 차원이 될 수밖에 없다."

제7권 이후에는 빌헬름이 탑의 결사에 입단해 정식 수업을 받으며 개인은 전체의 일원임을 서서히 깨닫는 과정이 나온다. 빌헬름은 공동의 목표를 실현시켜야 자신의 삶도 보장받을 수 있다는 사실도 알게 된다. 개인적인 성취를 위해 열정적으로 연극에 몰입했던 빌헬름은 시간이 갈수록 내성적인 모습을 더 많이 보인다. 이를 우울함이라고만 볼 수는 없다. 결국에는 스스로 행복을 찾는 순간을 맞이하게 된다. 무한한 개인적 욕망의 분출이 아니라, 사회적 환경을 고려해서 자기 자신이 한계를 지은 순간 그는 행복의 길을 찾은 것이다.

자, 그럼 이제 괴테가 강조하고 싶었던 수업시대에 더 집중해보자. 수업시대는 결국 장인이 되는 과정이다. 초보자나 수업자가 장인으로 성장하는 과정이 기존의 장인에 의해서 전부 결정되는 것은 아니다. 독자들은 이 말을 의아하게 여길 수 있다. '소설을 봐도 탑의 결사는 단원이 될 만한 사람을 미리 선정해서 넌지시 그의 삶에 관여하다가 때가 되면 직접 나서서 교류를 통해 교육을 시키지 않았는가? 그러니 결국 스승의 역할을 하는 장인이 후배의 성장에 가장 큰 영향을 미치는 것 아닐까?' 이 질문의 답 역시 '체험'을 중시해서 소설을 쓴 괴테의 인생에서 찾을 수 있다.

계획을 믿지 말고 방황하라

괴테를 바이마르로 이끈 카를 아우구스트 공도 프리메이슨 회원이었다. 그는 처음에 괴테를 한번 가볍게 초대했을 뿐이다. 당시 괴테는 프리메이슨 회원도 아니었기에 그의 정체를 알 수 없었지만 아우구스트 공은 수년간 은밀하게 괴테에게 큰 영향을 미쳤다. 그리고 괴테는 이전과는 다른 사람으로 변했다. 괴테는 체험을 바탕으로 탑의 결사가 빌헬름의 삶의 방향을 정하는 데 은밀하게 관여하는 장면을 넣었다. 그렇지만 괴테의 변화가 반드시 아우구스트 공이 설계한 방향이었다고만 할 수 있을까? 괴테는 평생 동안 한 길을 가지 않았다. 여러 일을 동시에 했다. 대학시절에도 법률 공부만 한 것이 아니라 문학이나 사랑을 기웃거리며 방황을 거듭했다. 그러한 방황까지도 미리 설계할 수 있었을까? 오히려 설계는 빌헬름보다는 빌헬름의 친구이자 매제인 베르너와 같은 사람에게 더 어울리는 말이다. 베르너에게는 명확한 목표가 있었다. 빌헬름 아버지의 재산을 관리해주는 것. 그는 그 목표를 위해서 자금관리 계획을 꼼꼼히 세우고 실행에 옮겼다. 그렇게 5년을 보낸 후 빌헬름을 만난 베르너는 허무한 탄식을 내뱉었다.

"그동안 많은 돈을 벌지 못했다면 나는 아무것도 아닐 뻔했다."

이 말은 돈이 없는 자신은 아무것도 아니라는 의미이다. 건실한 사회인으로 자신의 영역을 확보하며 산 베르너가 그동안 이것저것 도전하고 실수하며 방황한 빌헬름을 보고 자신은 '아무것도 아닐 뻔'했다며 열등감을 느끼는 장면을 현대의 우리는 어떻게 해석해야 할까? 왜 괴테는 이런 장면을 넣은 것일까? 계획이 아닌 방황이 자아실현에는 더 도움이 되는 길임을 말하고자 한 것은 아닐까? 실제로 요한 페터 에커만(Johann Peter Eckermann)의 『괴테와의 대화(Gespräche mit Goethe)』를 보면 괴테가 이 소설에 대해서 다음과 같이 말한 부분을 찾을 수 있다.

"인간이란 모든 어리석음과 혼란에도 불구하고 더 높은 손의 도움으로 행복한 목표에 도달하게 된다는 것을 말하고자 했던 것 같다."

이 말 속에는 '설계'라는 말이 없다. 대신 '어리석음'과 '혼란'이라는 단어가 있다. 더 높은 손은 필연일 수도 있고 우연일 수도 있다. 소설의 내용을 보면 빌헬름이 겪은 우연마저도 탑의 결사의 필연적인 계획이었던 것 같지만, 빌헬름이 겪은 모든 우연이 탑의 결사가 만든 것은 아니었다. 그리고 빌헬름이 그런 우연에 모두 탑의 결사가 기대했던 방식으로 반응했다고도 할 수 없다. 빌헬름은 우연인지 필연인지 재지 않고 오로지 자기 입장에서 어리석음과 혼란으로 뒤죽박죽된 채 방황했을 뿐이다. 그리고 결국 성숙한 장인이 되었다. 설계는 탑의 결사 입장에서나 생각할 수 있는 개념이었을 뿐 빌헬름은 그런 것을 알수 없었다. 전지전능한 신은 세상을 설계했겠지만, 인간은 이를 명확히 알 수 없는 상태에서 자신에게 닥치는 현실에 반응하며 사는 것처럼 말이다.

괴테는 절대자의 흉내를 내는 듯 미래를 내다보며 인위적인 설계대로 산 인물은 자아실현을 하지 못해 불행해진 반면, 방황하며 산 인물은 자아실현을 하고 사회적 인정과 행복을 거머쥔 모습으로 묘사했다. 괴테가 성숙을 위해서는 방황에 더 비중을 두고 있음을 새삼 확인할 수 있다. 괴테는 프리메이슨을 탈퇴했으며, 그 이후 들어간 일루미나티에서도 탈퇴했다. 나름의 교육이념과 방법을 별도의 매뉴얼로 정해서 실행했던 두 단체를 말이다.

도종환 시인의 시 구절처럼 괴테는 '꽃은 흔들리며 핀다'고 생각했던 듯하다. 그리고 그런 방황의 상태에서 작품을 쓰고 책으로 출간했다. 그래서 괴테의 모든 작품은 해석이 극적으로 차이가 난다. 『젊은 베르터의 고통』에 대한 평가처럼 말이다. 괴테의 친구인 시인 겸 극작가 프리드리히 실러는 『빌헬름 마이스터의 수업시대』를 평가하며 '탑의 결사로 상징되는 이성의 힘이 결국 그를 목적지로 이끌었다'는 요지의 말을 했지만, 괴테는 이에 대한 답으로 실러와 자신이 서로 다른 문학관과 인생관을 갖고 있어 그렇게 볼 수도 있을 뿐이라고 말했다. 『괴테와의 대화』를 보면 "『빌헬름 마이스터의 수업시대』는 도대체가 예측 불가한 작품이며 나 자신도 해답은 없다"라는 내용이 나올 정도로 방황하는 작가의 삶이 문학에서도 일관되게 구현되었다.

괴테는 어떤 힘에 의해 빌헬름이 결국 성공했다는 이야기를 하고 싶었다기보다는 빌헬름처럼 많이 흔들리라는 말을 하고 싶었던 것이다. "효과적으로 자기계발을 하려면 많이 방황하라." 괴테의 이런 교훈은 낯설게 들린다. 우리는 방황을 성장의 적으로 여긴다. 하지만 현실을 보면 그렇지 않다.

세계 최고의 부자인 빌 게이츠의 젊은 시절과 스티브 잡스의 자서전을 읽어보라. 그들을 천재로 생각하고 그들의 성공을 부러워하는 사람도 자서전에 나오는 수많은 실수들을 자신이 범할까 봐 겁내며 어떻게든 실수를 줄이려 한다. 그들은 잡스나 게이츠의 완벽주의를 집중적으로 본다. 잡스가 완벽주의자임에도 실수를 했고, 그 실수를 통해 더 큰 것을 얻었다는 사실은 보지 않는다. 그래서 빌 게이츠나 스티브 잡스처럼 성공하라고 하면서도 그들이 그랬듯 대학을 중퇴하거나 방황을 한다 싶으면 올바른 길을 설계하라고 목소리를 높인다. 괴테가 주는 교훈과는 반대로 말이다.

방황은 이성적인 계획과는 거리가 먼 비이성적인 선택이다. 그래서 작가가 방황의 중요성을 이성적으로 납득할 수 있게 설명하는 것은 힘든 일이고, 독자가 그것을 이성적으로 이해하기도 힘들다. 이해를 돕기 위해 괴테가 중시한 방황의 핵심 요소에만 집중해보자. 방황은 허허벌판에서 혼자 분에 못 이겨 날뛰는 것과는 다르다. 방황을 하게 하는 외적인 원인과 그에 맞서는 주체가 있다. 그 둘의 관계를 잘 관찰하면 결국에는 외적인 변화를 대하는 내적인 반응에 의해 방황의 성격이 결정됨을 알 수 있다. 이 원리를 따라 움직여야만 한다. 흔히 생각하는 반항을 위한 방황이나 일정한 설계 안에서 분주한 것으로는 성장을 이룰 수 없다. 그래서 괴테는 이렇게 말했다. "활동적인 바보만큼 두려운 존재는 없다." 마치 머리 나쁘고 일만 벌이며 밀어붙이는 직장 상사처럼 말이다.

성공한 사람들의 자서전이나 전기를 보면 '불우한 환경에도 불구하고 자신의 능력을 개발시켜'라는 식의 표현이 많이 나온다. 반대로 신문기사의 사회면을 보면 '불우한 환경에서 자라며 이를 비관해 범죄를 저지른'이라는 표현이 많이 나온다. 삶을 결정짓는 것은 외적 환경만이 아니다. 그 환경에 대응하는 내적인 힘이 중요하다. 그리고 앞서 예를 든 것처럼 대부분의 경우 환경보다는 내적인 선택이 더 큰 힘을 발휘한다. 5년간 빌헬름이 겪은 체험을 탑의 결사의 사람들은 수업시대라고 했는지 몰라도 빌헬름에게 그것은 인생이다. 빌헬름 자신의 인생. 스스로 외적인 조건에 맞선 시간들이다. 어떻게 설계되었는지 알지 못한 채 그냥 맞부딪힌 시간이었다. 그 시간의 조각들이 모여 무엇이 되었는가? 개인적·사회적 자아의 성장을 통해 결국 그는 마이스터, 즉 장인이 되었다.

나를 알기 위한 방황

괴테는 자신의 삶을 관조하면서 성장의 의미를 여러 작품에 걸쳐 강조했다. 『빌헬름 마이스터의 편력시대』의 마지막 대사에서 빌헬름은 아들에게 안정과 보호를 통해 성장할 수 있는 것이 아니라, 상처가 성장을 만들 수 있다고 이야기한다. 모든 것이 잘 짜인 일상이 아니라, 변수가 많아서 위험한 방황 속에서 흔들리며 성숙할 수 있다고 말한다. 괴테 자신이 아무런 계획도 없이 떠나 온몸을 내던졌던 이탈리아 여행을 통해 새롭게 태어난 것처럼 말이다. 그런 의미에서 이 책은 학교 도서관보다는 과보호가 일반화된 대한민국 부모들의 책장에 꽂아두어야 하는 책이 아닐까 싶다. 괴테는 이러한 자신의 생각을 시 「마왕(Der Erlkönig)」에 아주 서늘하게 녹여냈다.

슈베르트(Franz Peter Schubert)는 1815년 괴테의 시에 곡을 붙였다. 아버지의 목소리는 낮은 소리로, 아들은 높은 소리로, 마왕은 부드럽게 속삭이듯이 노래한다. 슈베르트는 이 곡에 불협화음을 사용하여 탁월하게 시의 정황을 묘사했다. 당시 무명이었던 슈베르트의 곡을 받고 노년의 괴테는 크게 만족했다고 한다. 상이한 형식과 이야기를 일부러 넣은 자신의 『빌헬름 마이스터의 편력시대』처럼 일부러 불협화음을 넣어 주제를 표현한 음악가의 경지를 알아보았기 때문이었다.

시의 내용을 살펴보자. 깊은 밤 폭풍우 속에서 아버지가 아픈 아들을 품에 안고 말을 타고 집으로 달려가고 있다. 무서운 현실 앞에서 아버지는 아들의 안전을 생각하며 팔에 더 힘을 주고 말에 박차를 가한다. 그런데 아들의 눈과 귀에는 죽음의 사자인 마왕의 속삭임이 들려온다. 아들은 두려움에 떨지만, 아버지는 그러한 아들을 여러 가지 말로 달랜다. 마왕은 계속해서 아들을 유혹한다. 아버지가 급히 말을 몰아 집에 도착해서 보니 아들은 이미 죽어 있었다. 이 내용은 덴마크의 전설을 괴테가 자신의 의도에 맞게 개작한 것이다.

시 속의 주인공인 아버지, 아들, 마왕은 서로에게 이야기한다. 그렇지만 대화가 아니라 자신의 고집대로 말할 뿐이다. 아들은 두려움을 호소하고, 마왕은 유혹하고, 아버지는 위로한다. 아버지는 아들의 말을 듣고 비극을 막기보다는 보호라는 이름으로 아들을 품에 더 꽉 껴안는다. 아들은 환상의 세계에 있는 마왕을 보며 두려움에 떨지만, 아버지의 태도는 환상에 대해 무감각하고 지극히 현실적이다. 아들이 말한 것들이 사실은 무엇인지 일일이 대응시키며 설명한다. 그러나 어린 아들은 처음부터 마왕의 모습을 발견했을 정도로 환상의 세계, 즉 비현실적인 세계로 기울어 있다. 그러는 사이 아버지와 아들은 진정한 위험을 발견하지 못한다. 결국 아버지가 그토록 아꼈던 아들은 죽고 만다. 아버지는 아들의 생명을 구할 기회를 놓쳤고, 아들도 자신의 생명을 스스로 구할 지혜를 발휘하지 못했다. 아버지는 그저 최선을 다해 아들을 품에 껴안고 말을 달렸을 뿐이다.

우리나라의 부모들은 자식들을 적극적으로 보호한다. 일탈을 할까 봐 일상을 옥죄기도 한다. 아이들의 두려움은 무시하고 세속적으로 성공한 사람과 실패한 사람의 모습을 대비해가며 두려움을 더 키운다. 그 과정에서 아이들은 남에게 당한 폭력조차 부모에게 말하지 못하고 마음의 문을 닫아버리거나, 자신이 선 벼랑을 돌아 나오는 소통을 시도하지 않고 죽음을 선택한다. 남들이 자신을 망치는 것보다 더 심한 방법으로 자신의 인생을 파괴하기도 한다. 성장의 싹은 어디에서도 찾을 수 없다.

괴테의 주장에 따르면, 부모가 아이를 보호하면 그 아이가 잘 자랄 것이라는 생각을 버려야 한다. 자신이 노력하면 뭐든지 얻을 수 있다는 환상을 버려야 한다. 연극에 빠져들면 자아를 찾을 것이라고 생각했던 빌헬름은 고통만 받았다. 노력을 해도 얻을 수 없는 것이 있으며, 자신의 개인적 행복은 상상하는 것만큼 좋은 것이 아닐 수도 있다. 이를 깨닫고 체념하는 순간 오히려 사소한 것에도 감사할 수 있는 행복이 밀려온다. 기대하지 않은 순간에 얻은 천 원짜리 한 장은 엄청난 행운처럼 느껴지지만, 한껏 기대하고 세배한 결과로 얻은 천 원은 좌절인 법이다. 체념하고 기대하지 않으며 묵묵히 사회적으로도 의미 있는 일을 하다 보면 뜻밖의 개인적 행복을 얻을 수 있다는 것이 괴테의 생각이었다.

괴테 자신도 오로지 자신만을 위해 문학이나 과학을 한 것은 아니었다. 그는 예술과 과학의 균형을 맞추는 적극적인 자기 규제를 생활의 지침으로 삼았다. 자신이 그때그때 하고 싶은 일을 무조건 추구하지 않았다. 심지어 새롭게 사랑에 빠진 여인과의 관계를 단념하고, 바이마르에 돌아와 미뤄두었던 결혼식을 올릴 정도로 자기 규제를 철저히 했다. 그리고 여기저기로 흩어지기 쉬운 힘을 유익한 일에 결집시키려 노력했다. 다른 사람이 보기에는 과학도 하고 예술도 하는 등 다양한 일을 하는 것처럼 보였지만, 그로서는 개인과 사회, 예술, 역사를 한꺼번에 고려한 유익한 일을 하겠다는 똑같은 마음을 대상만 바꿔 적용한 것이었다. 이런 생각은 그대로 작품에 투영되었다.

괴테는 모든 사회적 성취가 헛된 것이니 자기수양이나 하라고 말하지는 않는다. 자기 규제와 개인적 성숙이 없는 사회적 성취는 헛될 수 있다고 주장했을 뿐이다. 『빌헬름 마이스터의 수업시대』가 전방위적인 교양을 추구하는 것에 대한 내용이었다면, 『빌헬름 마이스터의 편력시대』는 다른 방향은 포기(체념)하더라도 자신이 사회적으로 가치 있다고 믿는 하나의 기술을 익혀 사회에 봉사하는 것에서 삶의 의미를 찾는 성숙과 행복을 강조했다. 이탈리아 여행 이후 행정관으로서의 삶을 단념하고 과학적 예술가, 혹은 예술가적 과학자로서의 삶을 선택한 괴테다운 결론이라 하겠다.

어차피 사람은 능력의 제약, 시간의 제약 때문에 모든 것을 할 수는 없다. 가장 가치 있는 일을 하면서 행복을 구하는 길을 찾아야 한다. 그래서 괴테에게는 직업이 중요했다. 당시 급속도로 산업화가 진행되는 가운데 분업화되는 직업을 보며 괴테는 단지 호구지책으로만 직업을 선택하기보다는 사회적으로 유용하면서 개인적으로도 의미가 있는 선택을 하길 바랐다. 그리고 그런 선택을 하는 데 도움이 되는 교육 모델을 보여주고 싶어 했다. 『빌헬름 마이스터의 편력시대』에서 빌헬름은 장년의 아버지로서 자기 자신의 성숙뿐만 아니라 자식의 교육까지도 신경 써야 하는 입장에서 교육문제를 바라보았다. 분업화되는 사회에서는 각자 일을 잘하는 것도 중요하지만 전체를 이해하고 다른 사람과 일을 주고받을 줄도 알아야 했다. 즉 협동적으로 일할 줄 아는 사람을 기르는 교육이 필요했다. 또한 무조건 분업으로 일을 나눠 인간을 부품화하는 것이 아니라 타고난 개성과 소질을 극대화시키는 진로 지도가 중요한 과제였다.

경험이 미천한 아들은 무엇을 좋아하는지 무엇을 잘하는지 알 수가 없다. 그래서 다양한 경험을 해야 했고, 그 다양한 경험을 위해 많은 방황이 필요했다. 현재 아일랜드에서는 중학교 3학년에 '특별반' 프로그램을 실시하여 1년 동안 교실에서 수업을 하지 않고, 각자 자신의 개성과 소질을 고민해 몇 가지 직업

체험을 할 수 있게 한다. 이는 괴테의 생각과 맥락을 같이 하는 것이다.

요즘 청년들은 돈을 많이 벌 수 있는 직업, 안정적인 직업, 다른 사람들의 부러움을 사는 직업을 강요당한다. 괴테가 들었으면 격렬하게 반대했을 것이다. 개인의 흥미와 타고난 재능에 맞는 직업을 선택해야 직업 활동이 삶을 갉아먹는 스트레스가 되지 않는다. 또한 자발적인 노력으로 행복에 이를 수 있고, 사회에도 도움이 될 수 있다.

괴테의 성공이 부럽다면 괴테의 성공 전략을 따라야 한다. 괴테의 성숙한 내면이 부럽다면 괴테의 성장 전략을 따라야 한다. 다른 길을 가면서 괴테 쪽을 기웃거리기만 한다면 평생 부러워하다가 성공도 못 하고 성장도 못 하는 실패자가 될 가능성이 크다. 결단이 필요하다. 이미 사회적으로 충분히 성공했던 괴테가 다시 태어나기 위해 기존의 것들을 다 버리고 이탈리아 여행을 감행했던 것처럼 말이다.

좌절과 고통의 열매

장인은 자기만의 독립적인 영역을 가진 사람이다. 물론

처음에는 선배 장인의 인격과 기술을 따라 배워야 하지만, 나중에 독립적 장인으로 인정받으려면 자신의 영역을 가져야 한다. 그것은 온전히 자기 자신의 몫이다. 빌헬름은 로타리오와 똑같은 사람이 되어서 장인으로 성공하고 행복해진 것이 아니다. 원리는 동일하지만 다른 방식으로 자신의 개인적 욕구와 세상의 것들을 조화시킨 결과였다. 각자의 능력과 특성이 다르기 때문에 드러나는 행동 자체는 다를 수밖에 없다.

다른 것이 틀린 것은 아니다. 수업시대에는 다른 것이 틀린 것처럼 보이기 쉽다. 선배 장인의 설계안과 다른 방향으로 가는 것은 무모한 방황으로 보인다. 하지만 빌헬름이 연극무대로 뛰어든 것은 열정이라는 허울을 쓴 무조건적인 반항이 아니었다. 그것은 인생을 어떻게 살겠다는 빌헬름의 계획이었다. 그 설계는 현실의 벽에 부딪혀 바로 조각났다. 그러나 빌헬름은 그 조각을 버리지 않고 껴안았다. 탑의 결사가 주목했던 것도 빌헬름이 계획한 대로 실행해 성공했기 때문이 아니었다. 오히려 실패에도 불구하고 방황을 계속했기 때문에 더 관심을 가졌다. 빌헬름은 반항이 주는 묘한 쾌감의 시기 이후 연극무대에서 오랜 시간 숱한 좌절을 겪으며 체험의 양과 질을 변화시켰다. 빌헬름 자신이 느끼기에도 성공보다는 방황 그 자체에 가까운 모습이었지만 그는 포기하지 않았다. 그 결과 설계를 따른 사람들보다 더 빨리 성장했다. 괴테는 꾸준히 방황하는 것이 무엇인지를 보여주는 동시에, 급히 계획을 세우고 실행한 후 결과를 확인하고자 하는 사람에게는 성장이 없다는 것도 함께 이야기하고 싶었을 것이다. 이런 생각을 알 수 있는 것이 괴테의 시 「마법사의 제자(Der Zauberlehrling)」이다.

이 시에는 스승 마법사가 없을 때 자신의 재주를 믿고 성급하게 행동하다가 곤경에 처하는 제자, 마법에 걸린 빗자루, 홍수 등이 나온다. 1940년 처음 제작되었고 2000년에 다시 만들어진 디즈니 애니메이션 〈환타지아(Fantasia)〉에 미키 마우스가 마법사의 제자로 나와 아수라장을 만드는 장면은 바로 괴테의 이 시에서 영감을 받은 것이다.

디즈니 애니메이션은 시의 내용을 그저 재미있는 해프닝으로 표현했지만 괴테가 이 시를 『빌헬름 마이스터의 수업시대』를 출간한 즈음인 1797년 7월에 쓴 것을 감안하면 그 의미를 진지하게 생각하지 않을 수 없다. 더구나 괴테는 원래 루치안 폰 자모자타(Lukian von Samosata)의 『거짓말쟁이 또는 허풍쟁이(Der Lüegenfreund oder der Ungläuubige)』라는 이야기를 자신의 의도에 맞게 바꿔 표현했기 때문이다. 원래 루치안 폰 자모자타가 만든 이야기에는 오이크라테스와 판크라테스가 여행 중에 우연히 만난 동행자로 나온다. 하지만 괴테는 그 두 사람의 관계를 스승과 제자로 바꾸었다. 스승을 나중에 문제를 해결하는 존재로, 제자는 자신의 설익은 능력을 현실에 적용하다가 낭패를 보는 존재로 만들어 대비를 이루도록 했다.

스승은 장인이다. 제자는 아직 수련자이다. 그 사이를 구별하는 것은 노련함이다. 노련함은 정해진 주문을 똑같이 외운다고 길러지는 것이 아니라 오랜 경험을 통해서 만들어진다. 즉 자신이 아는 것을 그대로 실행해도 되는지 아닌지 시간을 두고 계속 다듬는 과정이 있어야 한다. 이것을 깨우쳐 지난한 과정을 겪어서라도 내면의 성장을 이루겠다고 결심하고 실천한 제자는 장인이 될 수 있다. 그렇지 않고 외형적 성공에 몰두해서 성급하게 재주를 시험한다면 그는 스승에게 쫓겨나거나 자신이 만든 '재앙'에 의해 목숨을 잃을 수도 있다. 운이 좋아서 잘 풀린다 해도 기껏 한 가지 재주를 마스터하는 정도에 지나지 않을 것이다. 만약 그가 인성과 기술을 종합적으로 발달시킨 사람을 만난다면 "내가 갖고 있는 그 한 가지 재주가 아니었으면 나는 아무것도 아니었을 것이다"라고 허무하게 말하게 될 것이다. 반대로 허무해 보이는 것이라도 꾸준히 한다면 오히려 다음과 같은 말을 들을 것이다.

"그의 삶의 이야기는 영원한 모색과 인위적으로 무엇을 하지 않는 무위입니다. 그러나 공허한 모색이 아니라 훌륭하고 용감한 모색입니다. 그 모색은 그가 상상했던 것들을 그에게 주었지요. 사람은 자신에게서 나오는 것만을 받을 수 있으니까요.”

이 말은 소설의 마지막인 제8권 중에서도 제일 마지막 장인 10장에서 빌헬름의 인생을 테레제가 평가한 내용이다. ‘사람은 자신에게서 나오는 것만을 받을 수 있으니까’ 내면의 힘이 외적인 조건보다 더 중요하다. 탑의 결사가 많은 사람을 관찰하고 나름대로 설계를 했겠지만, 모두 다 빌헬름처럼 성숙해지지 못한 것도 바로 내적인 힘 때문이었다. 내적인 힘을 키우려면 계속 자신을 흔들며 자극을 줘야 한다. 적어도 괴테는 그렇게 생각했다.

괴테는 미성숙한 존재가 알 수 없는 일을 성급하게 알려고 하는 것은 어리석다며 “마치 어린아이가 거울을 들여다보고 그 뒷면에 무엇이 있나 금세 거울을 뒤집어보는 것과 같다”고 주장했다. 무턱대고 지식을 쑤셔넣거나 섣불리 행동으로 옮긴다고 성장할 수 있는 것이 아니다. 성장에는 체험과 수련을 통해 쌓아가는 교양이 필요하다. 인문학의 시대라면서도 체화된 교양이 아닌 지식만을 꺼내거나, 실용적이라는 이유로 원칙 없이 움직이는 현대인들을 보면 괴테는 뭐라고 말할까? 교양은 차곡차곡 쌓인 지식 덩어리가 아니라 살아나가는 데 필요한 지침으로, 마치 생명체처럼 활달하게 움직여 우리를 행복으로 이끌어준다고 괴테는 생각했다.

괴테는 수많은 좌절의 고통을 극복한 사람만이 성장할 수 있고, 장인이 될 수 있다고 생각했다. 그래서 "인생의 미로에 발을 들여놓은 적이 있는 사람만큼 교육에 적합한 사람은 없다"라고 말했다. 일상적인 예를 들어본다면 수학교사를 구할 때 원래부터 수학을 잘해서 "이런 쉬운 것도 못 푸니?"라고 말하는 사람보다, 자신도 잘 못해서 해법을 알아내려다 책에 나오지 않는 공식까지 알게 된 사람이 학생의 수학실력 향상에는 더 도움이 되는 법이다.

『빌헬름 마이스터의 수업시대』를 긴 시간 쓰면서 괴테가 고민한 것은 어떻게 하면 독자에게 '흔들림을 통해서 진리를 자각하는 것', 즉 방황의 중요성을 전할 것인가였다. 그것이 다른 사람의 눈에 오류처럼 보여도 말이다. 여기서의 방황은 청소년기의 반항처럼 감성적인 선택이 아니다. 이성을 전제로 한 선택이다. 괴테가 말하는 방황에는 고통을 감내해서라도 뭔가를 얻겠다거나, 기존의 것을 파괴하고 새로운 것을 창조하여 한계를 넘어서겠다는 식의 철저히 이성적인 판단이 숨어 있다. 그러므로 제대로 이해하지 못한 채 섣불리 주문을 외운 마법사의 제자가 낭패를 당하는 이야기는 현자(賢者)들의 가르침을 자신의 체험과 결합해 교양으로 쌓지 못하고, 단편적인 지식을 성급하게 꺼내거나 경솔하게 실행하는 것을 경계하기 위해 일부러 만든 것이다.

너무 애쓰지 말고 자연스럽게

괴테는 『빌헬름 마이스터의 수업시대』에 『식물변태론』에서 소개한 식물의 성장이론을 녹여냈다. 식물은 씨앗-잎-줄기-꽃-열매로 변화하는 동안 더 높은 곳으로 몸을 뻗으며 성장한다. 자신을 지킨다며 변하지 않는 식물은 이전 단계에 멈출 뿐 성장하지 못한다. 식물의 변화와 성장의 관계를 관찰한 괴테는 인간도 자신을 계속 변화시켜야 성장한다고 생각했다. 단, 인간은 겉으로 드러나는 신체적 성장이 아니라 '아름다운 영혼'이 되기 위한 정신적 성장이 더 중요하다는 것이 다를 뿐이다.

빌헬름과 괴테 모두 부유한 시민계급의 후손이다. 즉 귀족의 '씨앗'이 아니다. 봉건사회는 그런 그들의 성장을 억압한다. 자유롭게 하고 싶은 일을 하는 것이 아니라 제한된 범위에서의 변화만을 허용한다. 답답함을 느낀 빌헬름과 괴테는 탁 트인 넓은 세계로 나가서 '뿌리'를 내리고 싶었다. 하지만 그러한 자아실현은 귀족에게만 허용된 것이었기에 비극이 시작된다. 괴테는 자신의 아버지를 모델로 삼아 빌헬름의 아버지를 눈에 띄는 화려한 물건으로 집을 꾸미는 인물로 묘사했다. 자아실현의 허무함을 다른 것으로 채우려는 아버지의 인간적 한계를 드러내기 위해서였다. 빌헬름의 아버지는 화려한 물건들 속에서 충분히 자기를 실현하고 있다는 환상에 빠져 살고 있다.

빌헬름은 진정한 현실에 뿌리를 내리지 못한 아버지와 집을 떠나 새롭게 뿌리를 내릴 공간으로 연극계를 선택한다. 하지만 그곳은 생명이 활짝 피어나는 공간이라기보다는 있던 생명도 절망으로 시드는 공간이었다. 빌헬름은 연극을 하며 만난 마리아네, 아우렐리에, 필리네 등 여배우들의 삶에서 예술계의 그늘을 확인했다. 어느 날 〈햄릿〉을 공연하던 그는 탑의 결사가 절박하게 자신에게 예술계를 떠나라고 경고하는 메시지를 듣는다. 그러나 빌헬름은 그곳에서 자신이 성장할 것이라 믿으며 떠나지 않겠다고 고집을 부린다. 그렇게 극단에 남아 있다가 아우렐리에가 죽자 그녀의 애인을 찾아가게 되는데, 빌헬름은 몰랐지만 그녀의 애인이 바로 탑의 결사의 우두머리였던 로타리오였다. 결국 그는 돌고 돌아 탑의 결사로 들어가게 된 것이다.

식물은 저마다 잘 성장할 수 있는 토양이 따로 있다. 물기를 많이 머금은 흙에서 잘 자라는 식물이 있고, 물을 잘 주지 않아야 오히려 더 잘 자라는 식물도 있다. 빌헬름은 자신이 식물이라면 어떤 토양이 더 잘 맞을지 알지 못했다. 그러다 탑의 결사에 들어가 비로소 자신이 갖고 있던 시민계급의 씨앗을 뿌리고, 싹을 틔우고, 줄기를 올리고, 꽃과 열매를 맺는다. 탑의 결사에 들어온 후 빌헬름은 스스로 이렇게 말한다.

"나는 실수에 실수를 거듭한 것밖에는 할 말이 없다."

자신이 고집했던 연극이 열정을 다한 보람 있는 삶이 아니라, 자아를 성장시키지 못하고 시간만 보낸 헛짓이었던 것을 스스로 인정하게 된 것이다. 불과 얼마 전까지만 해도 경고 메시지에도 불구하고 연극을 고집했던 빌헬름은 환상적 꿈인 연극과 결별하고 탑의 결사가 펼쳐 보이는 현실에 뿌리를 내리면서 하루가 다르게 성장한다. 그리고 남들과 자신이 모두 인정하는 성공과 행복이라는 열매를 맺는다. 이렇듯 괴테는 동식물계를 관통하는 보편적 법칙이 인간세계에도 통할 것이라고 생각했고, 그것을 자기 인생에 비추어 확인한 다음에 그 법칙이 잘 드러날 수 있는 방식으로 이야기를 구성했다.

식물의 성장을 위해서는 식물 자체가 어떤 품종이냐는 내적인 요소와 환경이라는 외적인 요소의 상호작용이 중요하다. 상대적으로 내적인 요소를 더 강조했지만, 그렇다고 해서 환경이 전혀 역할을 하지 않는다고 주장하는 것은 아니다. 빌헬름은 연극계라는 환경에서 뿌리를 내리지 못했다. 괴테는 법조계에서 변호사로 뿌리를 내리지 못했다. 각자 성숙을 이룬 환경이 따로 있었다. 물론 그 환경이 제대로 역할을 하게 만든 것은 '스스로 갈고 닦은' 자기 자신이었다. 만약 스스로 갈고 닦지 못한다면 좋은 환경도 소용이 없다. 두 요소를 균형적으로 보고 활용하는 감각이 필요하다. 괴테는 이것을 저서 『금언과 성찰(Maximen und Reflexionen)』에서 다음과 같이 표현했다.

"식물학자들이 '불완전종'이라고 이름 붙인 식물류가 있는데, 인간 중에도 불완전한 인간이 있다. 간절한 마음은 있으되 노력하지 않고 능력은 있으되 행동하지 않는 사람이다."

괴테는 자신의 삶과 여러 사람들의 인생, 자신의 통찰로 얻은 사회의 원리, 역사적인 사례, 과학적 이론 등을 분석해서 최적의 성장전략, 성공비법으로 방황을 내놓은 것이다. 괴테가 그렇게 방황할 수 있었던 것은 경제력과 재능이 뒷받침되었기 때문이라고 생각하는 사람들도 있다. 그런 사람들은 괴테가 그런 배경에도 불구하고 왜 불안한 방황을 선택하면서까지 절실하게 성장을 도모했는지는 보지 못하는 것이다.

변화를 이루기 위해 도전을 하지만, 도전하는 중에 사람은 변한다. 궁극적인 성장을 위해서 노력하다 보면 중간에 조금씩 성장하는 것이 당연하지 않은가? 방금 전까지 전혀 성장하지 않았던 사람이 잠깐 눈을 감았다 떴더니 갑자기 성장해 있는 것은 비현실적이다. 도전을 시작하는 순간 변화도 시작되는 것이다. 변한 모습, 변한 눈높이로 자신을 보고 세상을 보면 목표도 변할 수 있다. 그것은 기존에 세워둔 목표의 포기가 아니라 또 다른 도전이다. 기존의 목표를 어떻게든 이루겠다며 달려드는 것이 오히려 상황에 맞지 않는 왜곡된 행동일 수 있다. 괴테가 연극에 대한 빌헬름의 열정을 지루할 정도로 많이 소개했던 것도 진정한 도전과 환상을 구별하기 위함이었다.

괴테는 한 사람을 사랑해 정착하는 것을 두려워하며 막연하게 '많은 훌륭한 사람과 함께하는 것'이 성공이라고 생각했다. 그러나 시간이 흐르면서 목표의 주인공을 바꿨다. 자기 자신이 훌륭한 사람이 되는 것으로. 당연한 결론이지만, 엄친아로 태어나 아버지와 어머니가 기대하고 계획한 대로 성장한 괴테에게는 낯선 결론이었다. 자기 성장의 주인공이 본인이어야 한다는 낯설지만 당연한 결론.

언젠가부터 자기성장의 주인공은 설계자인 부모나 교사나 멘토가 되어버린 대한민국의 현실에서도 낯선 결론이기는 하다. "아이의 미래는 부모가 좌우한다", "평생 성적은 초등학교 4학년 때 결정된다" 등 특정 시기 특정인의 방법이 인생 전체를 좌우하고, 어린이나 청소년은 그에 따라 수동적으로 움직이는 존재라는 내용의 책이 베스트셀러로 버젓이 팔리는 대한민국에서 능동적으로 자기 인생의 주인공이 되라는 것은 이상적인 이야기로 치부되기 십상이다. 하지만 괴테가 살았던 시대나 지금이나 자기성장의 주인공은 자신일 수밖에 없다. 훌륭한 사람이 자신을 이끌어주거나, 적당한 기회를 잡아 성공하기를 바라는 사람은 자기성장을 위한 도전에는 더디다. 서문에서 밝혔듯이 내가 1997년 괴테하우스에서 그랬던 것처럼, 자신을 성공적으로 이끌어주지 못한 부모나 사회적 상황에 대해 불평하는 것은 쉽다. 그러나 능동적으로 자기 자신부터 변해야 꿈이나 성장에 가까워질 수 있다.

괴테는 독자들에게 자기 자신이 중심이 되어 의미 있는 도전을 하되, 그 가운데 새롭게 발생하는 상황에는 여유롭게 대처하라고 말하고 있다. 또한 인간은 사회적 동물이기 때문에 개인적인 욕심으로만 살 수는 없는 한계를 분명히 인식해야 함도 아울러 강조하고 있다. 만약 현대의 독자들이 괴테를 찾아 상담을 한다면 그는 『빌헬름 마이스터의 수업시대』를 읽게 한 후 다음과 같은 질문을 자기 자신에게 해보라고 말할 것이다.

"나는 혼자만의 환상을 꿈이라 생각하고 반항을 열정이라 생각하는 것은 아닐까? 그리고 나 아닌 다른 사람들의 입장은 헤아리지 않고, 내가 계획한 대로 모든 것이 이루어질 것이라는 몽상 속에서 예기치 않은 일에 좌절하며 진정으로 개인적 성장을 도모하는 길은 외면하고 있지 않은가? 그렇다면 내 성장의 가장 큰 적은 나를 좌절시키는 세상이 아니라, 다른 눈으로 앞을 볼 줄 모르는 나 자신인 것은 아닐까?"

괴테가 이 질문을 통해 스스로 깨닫기를 바라는 교훈은 단순하다. 여태까지의 삶이 불만이라면 다른 방법에 도전해야 한다. 도전의 결과는 불확실하지만, 기존의 방법이 실패인 것은 확실하니까. 이성적으로 따져보았을 때 실패의 길을 또다시 갈 이유는 없다.

『빌헬름 마이스터의 수업시대』
Wilhelm Meisters Lehrjahre

성공한 상인의 아들인 빌헬름 마이스터. 그는 사업보다는 예술을 더 좋아한다. 그래서 집을 나와 연극에 열중한다. 연극 속에서 자아실현을 하고자 뛰어든 길이지만, 그도 모르는 사이에 탑의 결사라는 비밀단체로부터 삶의 목표를 암시받기도 하고 감시를 당하기도 한다. 여배우 마리아네를 사랑하지만 사랑이 깨지고, 순회극단에 들어가 귀족사회와 접촉하고, '아름다운 영혼'이라 불리는 여성을 통하여 종교생활과 내면적 가치의 아름다움을 깨닫는 등 우여곡절 끝에 빌헬름은 탑의 결사 사람들을 직접 만나게 된다. 그들과의 교류를 통해 탑의 결사의 지향점에도 공감하게 된다. 그러던 어느 날 빌헬름은 탑의 결사로부터 수업시대가 끝났음을 통고받는다. 입단식을 거쳐 결사의 정식 일원이 된 그는 탑의 결사의 우두머리 로타리오의 여동생 나탈리에를 만난다. 그녀는 도둑의 기습을 받아 부상당한 마이스터를 돌봐주기도 했다. 그 둘이 결혼을 약속하며 행복에 이르는 것으로 소설은 끝난다.

빌헬름은 집을 뛰쳐나온 이후 약 5년간 다른 사람과 상호작용하면서 단지 자신의 추상적 꿈에 대한 열정만을 추구하는 것이 아니라 내적으로 성숙한 성인이 되어 자신의 꿈을 현실적으로 이루어간다. 이러한 과정에서 가장 큰 역할을 한 것이 바로 탑의 결사이다. 탑의 결사 사람들이 쓴 '수업시대'라는 표현이 현대의 독자에게는 좀 낯설게 느껴질 수 있다. 그러나 당시에는 빌헬름이 경험한 과정을 정의할 수 있는 가장 좋은 말이었다.

독일 중세의 장인조합인 길드(guild)에서는 '수업시대'라는 나름의 교육시스템을 갖고 있었다. 장인이 되려면 우선 스승 밑에서 도제로서 시간을 보내며 기술과 인격을 닦아야 했다. 그 수업과정을 마쳐야만 비로소 독립적인 마이스터(meister), 즉 장인이 될 수 있었다. 괴테와 헤르더 등이 소속되어 있던 프리메이슨도 이런 교육시스템을 갖고 있었다. 메이슨은 '사회의 주춧돌을 쌓는 사람'이라는 뜻이었는데, 그런 사람이 되기 위해서는 열정뿐만 아니라 그에 맞는 기술과 인격을 쌓으며 능력을 개발해야 했다. 프리메이슨은 능력 수준에 따라 회원을 신입자(gesselle), 수업자(lehrling), 장인(meister)으로 나누었다. 능력이 출중했던 괴테는 1780년 프리메이슨에 수업자 신분으로 입회를 해서, 1782

년 장인 칭호를 받았다. 그리고 바로 그해 사회적으로 공인되는 귀족의 칭호도 받았다. 즉 프리메이슨이 정한 등급은 비밀결사 외부에서도 적용될 수 있을 정도로 신뢰를 받는 것이었다.

체계적인 계획에 의한 성장과 행복을 믿는 사람이 이 작품을 읽는다면 큰 충격을 받을 수도 있다. 우선 주인공이 계획을 세우면 세울수록 오히려 실패하는 내용이 너무도 지루해서. 그리고 자신은 조기교육 등 주로 부모의 계획에 의해 성장했으면서도 계획이 아닌 방황이 더 효과적이라고 조언하는 괴테가 너무도 모순적이어서. 괴테가 오랜 시간 자기 자신과 다른 사람들을 관찰하고 삶의 원리를 고민한 끝에 이 작품을 썼다는 사실을 고려한다면 괴테의 조언은 막연한 믿음이 아니라 경험에서 우러난 현실적인 이야기라는 걸 알 수 있다.

3장
사람은 사랑으로 살아간다

사랑을 하면 행복할까?

심리학자들은 돈을 많이 버는 것이 아니라 사랑이야말로 행복의 지름길이라고 주장한다. 특히 노년에는 돈이 많아도 배우자나 애인, 친구들이 없으면 불행을 더 많이 느낀다는 연구결과도 있다. 이렇게 보면 "사랑을 하면 더 많이 행복할까?"에 대한 답은 뻔한 것 같다. 하지만 예술작품을 보면 사랑 때문에 오히려 상처를 입고 불행에 빠지는 경우가 많다. 드라마나 영화를 봐도 사랑의 기쁨보다는 사랑의 슬픔이 오히려 더 친숙하다.

많은 청춘들은 사랑에서 행복의 돌파구를 찾고 싶어 한다. 결혼과 출산은 포기했다고 해도 "꿈속의 이상형은 아니더라도 어딘가 나와 행복을 나눌 사람은 있을 거야"라며 누군가를 만나 사랑에 빠지고 싶은 마음까지는 포기하지 못한다.

괴테는 평생 동안 많은 사랑을 했다. 라이프치히의 안나 카타리나 쇤코프, 스트라스부르크의 프리데리케 브리온, 베츨라르의 샤를로테 부프 등. 매번 심리적 동요에 몸과 마음이 심하게 상할 정도였다. 그러나 신기하게도 그런 상처를 딛고 다른 사랑을 했다.

괴테는 라이프치히에서 양조장을 운영하는 쇤코프 가에서 식사를 자주 하다가, 그 집 딸 안나 카타리나에게 마음을 빼앗기게 되었다. 괴테의 글에서 '아네테(Anette)'로 등장하는 여인이 바로 안나 카타리나이다. 괴테는 아름다운 외모와 쾌활한 성격의 소유자였던 그녀에게 빠져들었다. 하지만 당시 괴테는 친구에게 보낸 편지에서 말한 것처럼, 젊었을 때 맘껏 즐겨야 하며 인생의 원대한 목표를 달성하기 전에는 사랑 같은 것 따위에 발목을 잡혀서는 안 된다고 생각했다. 그렇게 생각하면서도 괴테는 안나 카타리나와 2년여 동안 교제를 계속했다. 그녀로 인해 흥분하고 갈등하고 구속하고 구속당하기를 반복하며 사소한 일에도 감정을 주체하지 못할 정도로 정신적으로 쇠약해졌다.

이성과 감성이 조화를 이루는 인간이 되라고 교육받았던 괴테는 비이성적이고 극단적인 감정에 휩싸였다. 그녀가 많은 남자들과 자유롭게 관계를 맺고 있지는 않은지 의심했고, 극장까지 그녀를 직접 미행하기도 했다. 괴테는 더 이상 이런 자신을 참지 못하고 1768년 정초에 아무에게도 알리지 않고 혼자 라이프치히를 떠나 드레스덴에서 약 2주간 머물다가 돌아왔다. 그리고 4월에 서로 '좋은 친구'로 남기로 하고 그녀와의 관계를 정리했다. 요즘 표현법으로 하자면 '쿨하게 헤어진' 듯 보이지만, 괴테는 그 이후로도 계속 그녀와 편지를 교환했다. 그녀가 다른 사람과 결혼한다고 알려오자 더욱 더 애절하게 편지를 썼다. (안나 카타리나의 예비 남편은 뒷날 라이프치히의 부시장이 되는 유망한 법률가였다.) 괴테는 그녀가 결혼식을 올리는 날까지도 그녀를 되찾기 위해 이렇다 할 행동을 하는 대신에 그저 방에 틀어박힌 채 자신의 상처받은 마음만 들여다보고 있었다.

실망스러운 대학생활과 실패한 연애로 인해 괴테의 건강은 급속도로 나빠졌다. 결국 1768년 7월에는 심하게 피를 토하고 사경을 헤매는 지경에까지 이르렀다. 결국 괴테는 19번째 생일날, 폐인처럼 고향 프랑크푸르트로 돌아와야만 했다. 그 이후 약 1년 반 동안 괴테는 자신이 폐결핵에 걸렸다고 믿으며 필요 이상으로 불안해하고 고통스러워했다. 바로 그때 괴테를 도와준 여인이 어머니의 친구였던 수자네 폰 클레텐베르크였다. 괴테는 유머가 있고 현명하며 낙천적인 그녀의 성품에 크게 감화를 받으며 심리적인 불안에서 벗어날 수 있었다. 괴테는 그녀를 믿고 따랐다. 『시와 진실』에서 "그녀는 인생의 미로를 바로 꿰뚫어보고 그 속에 빠져들지 않기 때문에 늘 옳은 길을 보여주었다"라고 쓸 정도였다.

그녀가 멘토로서 준 도움에 대해 괴테는 평생 동안 감사한 마음을 가졌다. 그 예로 괴테는 자신의 작품 『젊은 베르터의 고통』의 '나이 든 여자친구'나 『빌헬름 마이스터의 수업시대』의 '아름다운 영혼', 『빌헬름 마이스터의 편력시대』의 마카리는 모두 클레텐베르크를 모델로 하고 있다.

기력을 회복한 괴테는 1770년 부활절 무렵에 공부를 다시 하기 위해 스트라스부르크로 유학을 떠났다. 그곳에서 체류하는 1년 6개월여 동안 괴테는 과거 라이프치히 시절과는 다르게 지적, 감성적 발전을 이룩해낸다. 이런 성과를 내게 된 데에는 요한 고트프리트 헤르더와의 만남이 중요한 전환점이 되었다. 앞장에서도 언급했듯이 헤르더는 마침 눈병 치료를 위해 스트라스부르크에서 몇 달간 요양을 하던 중에 괴테를 만났다.

괴테는 헤르더를 만나면서 로코코문학을 버리고 셰익스피어를 제대로 이해하게 되었으며, 민중문학에도 관심이 생겼다. 민중의 목소리가 담긴 노래인 민요를 접하며 민요풍으로 시를 짓게 되었다. 그중에서 현재도 널리 사랑받는 것이 「들장미

(Heidenröslein)」와 「제비꽃(Das Velichen)」 등이다.

괴테가 스트라스부르크에서 지적인 충전만 한 것은 아니었다. 그는 스트라스부르크 근처 교구 목사의 셋째 딸이었던 프리데리케와 말 그대로 첫눈에 반한 사랑을 하게 된다. 그때의 만남을 괴테는 자서전『시와 진실』을 통해 이렇게 회상했다.

"그녀가 문을 열고 들어왔다. 이 시골 하늘에 실로 아름다운 별 하나가 나타난 것이다."

이 낭만적인 표현은 그녀가 당시 입었던 옷에 대한 상세한 묘사로 이어지면서 괴테가 그녀에게 얼마나 빠졌는지를 보여주고 있다. 둘은 얼마 되지 않아 서로 열정적으로 사랑을 고백하게 된다. 이후 마치 약혼한 사이처럼 공공연하게 애정표현을 하여 두 사람의 관계는 행복한 결혼으로 이어지는 듯했다. 그러나『시와 진실』에서 쓴 것처럼 괴테의 마음속에는 다른 것이 꿈틀거리고 있었다.

"프리데리케의 연약한 몸은 위태한 불행을 재촉하는 듯 보였고, 나에 대한 그녀의 사랑은 정말로 불행한 것으로 여겨졌다. 나는 달아나고 싶었다."

첫사랑인 안나 카타리나와의 사랑이 그랬던 것처럼 괴테는 사랑에 빠져 결혼하는 것이 원대한 목표를 포기하고 한 여성에게 발목을 잡히는 것쯤으로 생각하며 두려워했다. 게다가 목사의 딸과 행복을 속삭였던 정겨운 시골은 자신이 꿈꿔온 화려한 성공과 대비되어 괴테를 괴롭혔다. 그 화려한 성공이 진정 자신이 원하는 것인지 혹은 설계에 의해 주입된 환상인지는 고민하지 못한 채 아버지를 비롯한 어른들의 이야기와 주변의 성공담에 현혹되어 자신도 그런 주인공이 되고자 했다.

1771년 8월 급기야 괴테는 학업을 마치자마자 프리데리케에게는 아무 말도 하지 않고 스트라스부르크를 떠나 프랑크푸르트로 돌아와버렸다. 마치 안나 카타리나를 정리하기 위해 갑자기 다른 도시로 떠났을 때처럼 말이다. 그는 두 달 뒤 어이없게도 프리데리케에게 가볍게 편지를 보냈다. 도시의 지극히 이기적인 부잣집 도련님이었던 괴테는 순진한 시골 처녀 프리데리케에게서 답신을 받고 나서야 자기가 그녀에게 어떤 상처를 주었는지 깨달았다. 괴테는 『시와 진실』에 이렇게 썼다.

"그녀의 답장은 내 가슴을 찢어지게 했다. (중략) 가장 용서가 되지 않는 것은 내가 불행을 자초했다는 사실이었다."

괴테는 죄책감을 느꼈다. 이후 바이마르로 이주할 때까지 몇 년 동안 그 일로 자신을 괴롭혔다. 그러나 시골의 갖가지 소문 속에서 살아야 하는 프리데리케의 처지를 생각하면 괴테의 고통이 더 심하다고 할 수는 없었다. 이 모든 과정을 지켜본 괴테의 친구 바일란트는 나중에 프랑크푸르트에 병원을 개업하고 괴테와는 의절했다.

괴테는 1779년 프리데리케의 집으로 찾아가 화해를 하고
는 친구에게 보낸 편지에서 "내면적으로 화해한 이 사람들과 사
이좋게 살아갈 수 있게 되었다"라며 기뻐했지만 이는 상대방의
입장을 충분히 헤아리지 못한 것이었다. 아름다운 처녀였던 프
리데리케는 그 이후 몇 번 남성들의 청혼을 받았으나 괴테와의
사랑을 잊지 못해 평생 독신으로 살다가 세상을 떠났다. 얄궂게
도 그녀가 죽은 1813년은 괴테가 그녀뿐만 아니라 수많은 여성
과의 관계를 고백하는 내용이 들어간 자서전 『시와 진실』을
출간한 해이기도 했다.

1771년 당시 22세였던 괴테는 프랑크푸르트 배심재판소
에서 변호사로 일할 수 있게 되었다. 하지만 이 일은 그가 막연
히 갖고 있었던 젊은이로서의 원대한 목표와는 아직 거리가 멀
었다. 무엇보다도 16살에 라이프치히로 유학을 보낼 정도였던
아버지의 기대에 미치지 못하는 성과였다. 괴테는 사회적으로
성공하지 못한 자신의 생활이 답답할수록 불굴의 의지로 정면
돌파하기보다는 곁길로 빠져 문학에 더 몰두했다. 그런 모습은
라이프치히대학 시절과 별반 다르지 않았다. 그때와 다른 것은
괴테 자신이 변호사로 돈을 벌고 있기 때문에 더 자유롭게 문학
활동에 드는 시간과 돈을 댈 수 있었다는 것이다. 괴테는 다양

한 문학 모임과 잡지 발행에 참여했다. 특히 '성도의 공동체'라는 모임을 통해 귀부인과 작가, 예술가, 정부관료 등의 주요 인물들과 지속적으로 교류했다.

1772년 5월 괴테는 아버지의 권유로 법률지식을 넓히기 위해 고향을 떠나 베츨라르로 간다. 아버지는 괴테가 그곳의 제국대법원에서 일하기를 바랐지만, 괴테는 아버지의 기대에는 아랑곳하지 않고 그곳에서 온갖 사교모임에 참석하며 시간을 보냈다. 그러다 독일기사단의 베츨라르 영지 관리인의 딸인 샤를로테 부프와 만났다. 그녀는 불과 18살밖에 안 되었지만, 돌아가신 어머니를 대신해서 열 명의 동생과 집안을 돌보는 현명하면서도 귀여운 매력을 가진 아가씨였다. 그러나 이미 그녀에게는 약혼자가 있었기 때문에 괴테가 연정을 품어서는 안 됐다. 괴테의 마음속에 불꽃같이 타오르는 사랑은 주변 사람들도 알아차릴 정도였다. 괴테의 인생에 큰 영향을 주었던 친구 메르크는 괴테에게 그녀를 떠나라고 충고했다. 괴테는 그녀를 만난 지 약 100일이 될 무렵 메르크의 조언을 받아들여 눈물을 머금고 프랑크푸르트로 돌아온다.

그러나 고향에 돌아온 뒤에도 괴테의 마음은 안정되지 않았다. 게다가 여동생이 결혼으로 집을 떠나 대화를 나눌 사람조차 없었다. 마침 알고 지내던 이웃 여성이 말동무가 되어주었지만 그녀의 남편이 질투해서 그마저도 불가능하게 되었다. 그 사이 샤를로테 부프가 괴테에게 알리지도 않고 약혼자와 결혼식을 올리는 바람에 괴테는 마음의 상처를 얻는다. 과거 괴테는 어떤 통보도 하지 않고 프리데리케를 떠나 상처를 주었지만, 이처럼 자신이 상처를 입은 것은 처음이었다.

고통에 몸부림을 치던 괴테는 베츨라르 시절에 알고 지내던 외무부 서기관 칼 빌헬름 예루살렘이 유부녀를 연모하다 자살했다는 소식을 접했다. 이제는 유부녀가 된 샤를로테를 사랑하는 자신의 처지와 비슷한 이 비극적 사건에 영감을 받은 괴테는 불과 4주 만에(7주라는 설도 있으나) 소설을 완성했다. 그 소설이 바로 1774년 출간된 『젊은 베르터의 고통』이다. 이 소설은 일약 괴테를 유명 작가로 만들어주었다. 괴테의 나이 25살 때의 일이다.

행복의 지름길인가 불행의 시작인가

자신의 절절한 사랑의 상처를 담은 자전적 소설이 출간되어 유명세를 타기 시작한 지 얼마 되지 않은 1775년 1월 괴테는 16세의 소녀와 사랑에 빠진다. 괴테는 이 소녀를 릴리라는 애칭으로 불렸다. 그녀의 본명은 애칭과는 전혀 다른 아네 엘리자베트 쇠네만이었다. 릴리는 삼촌 집에서 열리는 각종 사교 모임에서 괴테와 자주 어울렸다. 4월 20일 괴테는 대담함이 매력인 릴리에게 빠져 비공식적인 약혼을 하게 된다. 그러나 이번에는 여자가 아니라 여자의 집안이 문제였다. 릴리의 오빠들은 그녀와 다르게 천박한 성품을 갖고 있었다. 괴테의 부모들은 종교적 차이를 걱정했고, 여동생 코르넬리아는 누구보다 결사적으로 반대했다. 결국 괴테는 약혼한 지 얼마 안 된 5월 8일 릴리에게 알리지도 않고 스위스로 훌쩍 떠났다.

약혼을 하고 나니 릴리의 단점이 갑자기 많이 보여서일까? 그렇지 않았다. 에커만의 저서 『괴테와의 대화』에 실려 있는 것처럼 그녀는 괴테가 '진정으로 깊이 사랑한 최초의 여인이자 마지막 여인'이었다. 그럼에도 불구하고 그녀와 괴테는 끝내 이루어지지 않았다. 그를 괴롭혔다고 하는 문제들도 괴테 자신이 에커만에게 "우리를 갈라놓았던 장애도 따지고 보면 극복 못 할 것도 아니었다"라고 말할 정도로 사소한 것들이었다. 보통 사람들도 종교적 차이나 집안 분위기의 차이 등 여러 갈등 요소에도 불구하고 결혼을 해서 행복을 도모하지 않는가? 그런데 왜 이 만능의 천재는 그러지 못한 것일까?

괴테는 자신이 읽었던 책이나 부모 혹은 교사들에게서 주입된 말들을 바탕으로 사랑에 대해 판단했다. 세속적 성공을 최대 가치로 놓고 청춘의 야망을 불태우던 괴테는 사랑의 완성을 행복의 지름길이 아니라 불행의 시작인 구속으로 보았다. 사랑을 간절히 원했지만, 막상 사랑을 이루면 자신의 미래가 그것에 의해 발목 잡힐 것 같은 두려움에 빠져들었다. 그래서 성격은 물론 외적인 조건까지 더할 수 없이 잘 맞는 상대인 릴리를 만났음에도 과거의 연인들에게 그랬듯이 그녀를 떠나 여행길에 올랐다. 이번에는 그 행선지가 스위스라는 것이 다를 뿐이었다. 우연한 만남-극도의 흥분-쌍방의 사랑 고백-한없는 행복감-깊은 고민-도피 여행-연인관계 종결이라는 괴테의 애정 법칙은 여전히 반복되었다.

그러나 괴테의 작품 속 주인공의 사랑은 괴테의 현실과 달랐다. 작품 속 주인공의 사랑은 아주 지고지순하다. 단지 짝사랑일 뿐이라도 목숨을 내걸 수 있을 정도로 절절하다. 작가 자신은 현실에서 도피했지만 주인공 베르터는 사랑으로 자신의 몸과 마음이 재가 될 때까지 불태웠다.

주인공 베르터와 괴테 사이에는 큰 차이가 있다. 괴테는 여러 번에 걸쳐서 자신이 원하는 사랑을 나름대로 이루었다. 둘 사이에 놓인 난관도 스스로 노력하거나 결심을 새롭게 하면 헤쳐나갈 수 있는 것이었다. 그렇기 때문에 천재에게는 오히려 별로 흥미 없는 도전 과제였을 수도 있다. 그에게 사랑은 적극적으로 도전해서 성취했을 때 지금까지 맛볼 수 없었던 극도의 행복감을 안겨주는 미지의 것이 아니라, 이 난관을 해결해서 결혼까지 이르면 몇 가지 예측 가능한 모습으로 살게 되는 재미없는 과제였는지도 모른다.

1775년 2월 13일 아우구스테 루이제 추 슈톨베르크 백작부인에게 쓴 편지의 구절처럼 괴테에게 '최대의 행복은 당대의 가장 훌륭한 사람들과 살고 있는 것'이었다. 분명히 괴테는 모든 것을 던져서라도 사랑을 이루려는 낭만적인 마음으로 시를 짓고 소설을 썼지만, 자신의 행복을 놓고서는 마치 수학자처럼 엄격하게 계산을 했던 듯하다. 한 여자와의 행복한 결혼으로 다른 행복을 포기해야 할지 모른다는 두려움에 사랑이 실현되려 할 때마다 도피를 선택했다. 현대의 대한민국을 살아가는 젊은 이들이 여러 조건과 경우의 수를 따져가며 연애와 결혼을 결정하는 것과 크게 다르지 않은 모습이다.

독자 중에는 샤를로테와 괴테의 사랑은 그래도 지순한 사랑이 아닐까라고 반문하는 이가 있을지도 모르겠다. 베르터의 사랑이 로테 입장에서 보면 친구관계를 넘어서는 곤란한 감정 교류를 지속적으로 요구하는 혈기왕성한 청년의 충동일 수 있는 것처럼, 괴테와 샤를로테의 관계도 그렇다. 10남매나 되는 형제를 돌보는 장녀였던 샤를로테는 결혼 이후 남편과의 사이에서 12남매를 낳으며 행복하게 살았고, 내조와 사교를 잘해서 남편을 결국 부시장의 위치까지 올려놓았다. 그런 그녀에게 결혼 직전에 100일 정도 교류한 괴테가 과연 애틋한 존재였을까? 괴테에게 샤를로테가 특별할 수 있는 것은 자신의 애정 법칙을 비켜간 예외적인 존재이기 때문이 아닐까? 즉 우연한 만남과 극도의 흥분, 쌍방의 사랑 고백 이후의 단계 없이 끝나버렸기 때문이 아닐까? 자신의 능력으로 굴복시키지 못한 대상이었으니 말이다. 괴테도 이러한 자신의 특성에 대한 통찰이 있었는지 로테의 대사를 통해 베르터, 아니 괴테 자신의 문제를 다음과 같이 분석했다.

"나는 두려워요. 나를 소유할 수 없다는 사실이 당신으로 하여금 그 소원에 그렇게도 매혹되도록 만든 게 아닌가 두렵답니다."

로테의 말을 곱씹어보면 괴테를 사로잡은 것은 사랑 그 자체라기보다는 자신의 능력을 벗어나는 난관이 아니었나 짐작해볼 수 있다. 릴리가 자신이 인정하는 짝이었음에도 사랑의 결실을 끝내 보지 못했던 것은 친구 에크만에게 고백했던 것처럼 '통제 가능한 난관'이었기 때문이 아니었을까. 사랑이나 진로나 불가능할수록 더 마음을 빼앗기기 마련이다. 또한 꿈이 높을수록 현실은 더 시궁창같이 느껴져 고통스럽다. 이것이야말로 젊음의 슬픔이 아닐까.

괴테의 애정관은 그의 시에서도 드러난다. 괴테가 최초로 시도한 민요시인 「들장미」는 가곡으로도 만들어져 유명한 작품이다. 그 내용은 다음과 같다.

한 소년이 장미를 보았네.
들에 핀 장미.
너무도 싱싱하고 해맑아
소년은 가까이 보려고 달려갔네.
기쁨에 겨워 바라보았네.
장미, 장미, 붉은 장미,
들에 핀 장미.

소년이 말했네. 널 꺾을 테야.
들에 핀 장미꽃!
장미가 말했네. 널 찌를 테야,
나를 영원히 잊지 못하도록.
난 참고만 있지 않을 거야.
장미, 장미, 붉은 장미,

들에 핀 장미.

난폭한 소년은 꺾고 말았네.
들에 핀 장미꽃.
장미는 자신을 방어하며 찔렀네.
하지만 비명 소리도 헛되이
고통을 받아야만 했네.
장미, 장미, 붉은 장미,
들에 핀 장미.

「들장미」는 1789년 괴테의 작품집에 처음 실렸지만, 그
가 헤르더와 주고받은 편지의 내용과 자작시를 낭송했던 사례
들을 분석한 결과 그보다 훨씬 전인 1771년 여름에 지어진 것으
로 보인다. 그렇다면 그 시기는 바로 괴테가 프리데리케에게 일
방적으로 이별을 고하고 8월에 갑자기 고향으로 돌아오기 직전
에 해당한다.

괴테는 「들장미」를 교훈을 목적으로 지었다. 그는 순간
적 욕망을 사랑으로 착각하여 들장미로 상징되는 소녀의 순정
을 함부로 짓밟지 말라는 교훈을 주고 싶었다. 어찌 보면 자기
자신의 미성숙한 사랑을 스스로 꾸짖은 셈이다.

「들장미」를 쓸 때까지 괴테가 사귄 여성들은 그의 신분에 어울리는 부유한 환경에서 곱게 자란 여성보다는 주로 양조장 관리인의 딸, 시골 목사의 딸 등 괴테 자신과 객관적으로 다른 조건을 가진 여성이었다. 즉 장미로 비유하자면 식물원에서 곱게 가꾼 장미보다는 들에서 자생적으로 자란 들장미에 가까운 여성들이었다. 그 여성이 너무도 신선하고 해맑아서 괴테는 소년처럼 다가갔다. 기쁨에 겨워 바라보았다. 그리고 꺾었다. 괴테가 사랑한 여성들은 괴테에게 가시로 반항하지는 않았다. 하지만 괴테는 짐짓 들장미 편인 것처럼 시를 이끌어가며 소년을 꾸짖는다. 그래도 결론은 여전히 소년 편에 가깝다.

'장미는 자신을 방어하며 찔렀'지만, '비명 소리도 헛되이' 사랑의 상처에 고통받는다. 시의 첫 부분을 이루는 소년의 이야기는 마지막 연에서 격한 감정을 주체하지 못하고 들장미를 꺾는 장면까지만 나올 뿐, 시는 운명처럼 들장미의 고통으로 끝을 맺고 있다. 어쩌면 괴테는 상대방의 상처를 어루만지는 소년의 모습을 상상할 수 없었던 것이 아닐까? 교훈을 주기 위한 의도적 배치라기보다는 자신의 애정관이 너무 격정적이기 때문에 그런 특성이 시에도 반영된 것은 아닐까?

괴테의 애정관은 사실 그리 바람직하다고 말하기 어렵다. 괴테가 의식했든 안 했든 괴테는 자신의 좋은 머리로 계산을 한

다음 자신이 극단적인 선택을 하지 않아도 되는 범위에서 사랑을 했다. '진정한 사랑'을 원한다고 하면서도 일단 경제적 조건을 살피고 그의 집안 배경과 차와 집을 따지는 대한민국의 일부 청춘처럼 말이다.

괴테가 한참 사랑에 빠져 있을 때 순진한 시골 처녀였던 프리데리케 자매들에게 해준 '새로운 멜루지네' 이야기를 봐도 그렇다. 괴테는 이 이야기를 『빌헬름 마이스터의 편력시대』에 삽입하기도 했다. '멜루지네'는 프랑스에서 건너와 독일에 널리 퍼진 민담의 여주인공 이름이다. 원래 멜루지네는 물의 요정이지만 인간의 모습을 하고, 인간과 사랑에 빠져 그의 아내가 되었다. 그러던 어느 날 목욕을 하던 중 얼떨결에 물의 요정으로 되돌아가는 모습을 남편에게 들켜 그만 인간세계를 떠나게 된다.

괴테는 이 멜루지네를 물의 요정이 아니라 난쟁이 나라의 공주로 바꾸었다. 이야기도 그녀가 반지의 힘으로 보통 인간이 되어 인간세계에서 남편을 찾아 결혼한다는 내용으로 새로 썼다. 재미있는 것은 동화를 수정한 괴테의 시각이다. 괴테는 한 남자가 자신이 사랑하는 난쟁이 여인을 행복하게 해주기 위해 자신도 난쟁이가 되는 이야기를 삽입했다. 그는 사랑하는 여인과 처음에는 행복했지만 난쟁이가 되기 전 자신의 몸 치수를 알게 되자 불안해졌다. 결국 사랑은 깨졌다. 그 이후 남자는 어떻게 되었을까? 이루지 못한 사랑 때문에 슬픔을 이기지 못하고 베르터처럼 자살했을까? 아니다. 그 남자는 자신의 몸을 되찾아 자유롭게 되었다. 마치 작은 시골에서 살고 있는 프리데리케에 맞춰야 하는 삶에서 벗어나 도시에서 훌륭한 위인들과 사교 모임을 즐기게 된 괴테 자신처럼, 아니 그 이전에 자기보다 낮은 신분이었던 안나 카타리나 쇤코프와의 첫사랑에서 도망쳐 나온 자신처럼.

괴테가 '새로운 멜루지네' 이야기를 한참 사랑을 나누던 프리데리케에게 즐겁게 들려주었다는 것을 생각하면 입맛이 개운치 않다. 자신도 상처를 받았다고는 하지만, 도피 여행 뒤 이별 통고를 한 연인을 봐야 하는 상대보다는 덜했을 것이다. 심지어 괴테는 그들의 상처가 그 정도인지조차 몰랐다. 이별 후 프리데리케의 답장을 받고서야 충격을 받았다. 상대방의 마음을 제대로 살피지 않고 자신의 욕망대로 행동하고 존재 가치만을 확인한 사람이 사랑을 했다고 할 수 있을까? 옳고 그름을 논하는 이성적 판단으로 소년을 꾸짖는 것 이외에 진정으로 들장미를 헤아리는 마음으로 시를 썼다고 할 수 있을까? 그랬다면 괴테가 가시에 찔렸다고 쉽게 다른 들장미를 찾아 꺾고 또다시 휙 떠나는 소년처럼 행동하지는 않았을 것이다.

미성숙한 청춘의 사랑

유년시절 괴테에 대한 평가를 다시 떠올려보자. 이성적으
로는 뛰어나지만 주변 사람에게는 냉정한 아이. 그리고 영재
로 인정을 받으며 어린 나이에 대학생이 되어 라이프치히로
갔을 때 괴테의 머릿속을 가득 채웠을 생각도 추측해보자. 괴
테는 따뜻함보다는 성공하는 데 도움이 될 지식을 쌓겠다는
욕망으로 가득 차 있었을 것이다. 그래서 대학의 강의 수준에
더욱 실망한 것이다. 그는 온실 속에서 키워온 자신의 욕망을
충족시켜주지 못하는 상황에 실망해 반대로 이제는 들판을 찾
아 엇나가기 시작했다. 그런 탈출구의 하나로 문학을 읽었고,
자신과 신분 차이가 나는 양조장 관리인의 딸과 사랑을 시작
했다. 처음에 괴테는 셰익스피어의 작품 등 외국문학을 보았
다. 그러나 학교에서 자국인 독일의 문학을 홀대한다는 느낌
을 받자 오히려 반항적으로 독일문학을 찾아 읽었다. 그때 보
게 된 시인이 당시 신인이었던 프리드리히 고틀리프 클로프슈
토크(Friedrich Gottlieb Klopstock)이다. 클로프슈토크는 6월 16일
베르터가 로테와의 첫 만남을 소개하며 친구 빌헬름에게 보낸
편지에도 다음과 같이 등장한다.

"로테와 나는 조용히 창가로 다가가서 하늘을 바라보았

지. 소나기가 멎은 대지는 상쾌했어. 로테는 창틀에 팔꿈치를 기댄 채 차분하게 주위를 둘러보았어. 그러더니 하늘을 쳐다보고 이어서 나를 바라보더니 눈물을 글썽거렸어. 그녀는 자기 손을 내 손에 포개고 '클로프슈토크'라고 말했어. 나는 더 이상 참을 수가 없어서 기쁨의 눈물을 흘리며 그녀의 손등에 키스했지."

당시 클로프슈토크는 대담한 시어 때문에 기성세대에게는 반감을 사던 신진 시인이었다. 괴테는 그런 그를 라이프치히 유학시절부터 즐겨 읽었다. 그것이 다가 아니었다. 괴테는 로테가 자신의 분신인 베르터에게 당대의 여러 시인 중에서도 클로프슈토크 같다고 인정하는 장면을 넣어 둘의 사랑을 더 극적으로 보이게 하는 장치로 쓴 것이다. 이렇듯 괴테는 기존의 문인보다도 새로운 문인을 더 높게 평가했다. 문학작품뿐만 아니라 철학이나 사회문제에서도 새로운 도전을 좋아했다.

그런 그에게 어딘가에 정착한다는 것은 부정적인 의미였을 것이다. 그것이 진정한 사랑에 의한 정착이라 할지라도. 반대로 그에게 변화는 긍정적인 이미지였을 것이다. 계속되는 고민 끝에 심신이 피로한 상황에서 여행을 감행한 것만 봐도 그가 얼마나 변화에 마음을 쉽게 빼앗기는지 알 수 있다. 이런 성향 때문에 사랑의 슬픔을 자초했다. 하지만 자신의 분야에 안주하지 않고 지속적으로 여러 분야에 겁 없이 도전하여 업적을 쌓기도 했다.

괴테가 꼭 특별한 재능을 갖고 있거나 바람둥이 기질이 많아서 정착을 두려워한 것은 아니다. 청춘 자체가 본래 정착보다는 자유로운 비상과 어울린다. 청춘이라고 하면 묵묵히 고개를 숙이고 길을 걷는 모습보다는 야망을 품고 먼 곳을 바라보며 자유롭게 도전하는 모습이 떠오른다. 청년 시절의 괴테는 바이마르에 정착한 삶에 만족한 노년의 괴테와는 달랐다. 당연히 청년으로서 더 넓은 세상에 나아가 더 많은 사람을 만나고, 더 많은 것을 누리고 싶어 했다. 여느 청년처럼, 어쩌면 이 책을 읽고 있는 젊은 독자들처럼 말이다. 그러나 그를 사랑하는 상대방의 입장에서 보면 그런 사회적 욕망을 사랑보다 더 중시하는 괴테가 아주 실망스러웠을 것이다. 사랑을 한다고 말하지만 사랑이 뭔지 모르고, 무엇보다 사랑을 원한다고 하면서도 사랑을 두려워하는 미성숙한 존재. 그게 젊은 시절 괴테의 애정 전선에서 늘 반복되는 문제였다.

흔히 사랑은 비가 올 때 우산을 씌워주는 것이 아니라 함께 비를 맞는 것이라고 한다. 하지만 인간은 어둠을 나누는 것만으로는 행복할 수 없다. 행복은 긍정적인 것이다. 비유를 하자면 빛에 가깝다. 사랑으로 행복을 만들기 위해서는 어둠보다는 빛을 나누려는 노력을 더 많이 해야 한다. 그렇지만 괴테는 자신의 어려움과 답답함으로부터 벗어나기 위한 돌파구로서 사랑을 선택했다. 즉 에리히 프롬이 말한 적극적 자유인 '~로의 자유'가 아니라 소극적 자유인 '~로부터의 자유'로서의 사랑에 치중했다. 자신의 심리적 불행을 토로해서 상대방으로부터 빛을 얻는 사랑에는 성공했지만, 자신이 상대에게 빛을 주는 사랑에는 성공하지 못했다. 사랑은 쌍방향 소통일 때 행복할 수 있다. 그렇지 않으면 괴테처럼 관계에 문제가 생길 수밖에 없다.

미국의 심리학자인 로버트 스턴버그(Robert Sternberg)는 사랑에는 세 가지 요소가 필요하다고 주장했다. 첫눈에 반한다는 말을 연상시키는 신체적 매력이나 성적인 자극과 연관된 '열정', 서로 도움이 되고 가깝다고 느끼는 '친밀감', 사랑하는 상대방이나 사랑 그 자체에 대한 '헌신'을 꼽았다. 어느 한 요소만 가지고서는 행복할 수 없다는 것이 스턴버그 박사의 이론이다. 로미오와 줄리엣의 열정적인 사랑의 결말은 비극이었고, 동지애로 산다는 대한민국 부부의 남다른 친밀감 역시 행복과는 거리가 있으며, 이미 죽은 남편을 그리워하며 수절하던 조선시대 여인의 삶은 불행했다. 빛을 나눌 수 있는 세 요소가 모두 있어야 한다. 물론 비중의 차이가 있을 수 있고, 시간이 갈수록 강한 힘을 발휘하는 요소가 달라질 수는 있지만 세 요소가 모두 있어야 좋다.

괴테는 열정이 있으면 사랑이 행복으로 이어질 수 있다는 가설을 자신의 인생에 놓고 실험했다. 하지만 과도한 열정과 약간의 친밀감은 있었으나 헌신의 마음이 없었기에 행복할 수 없었다. 사랑이 세속적 성공을 막아 결국 불행해질 수 있다는 가설을 실험하다가 무책임한 도피로 사랑을 잃고 불행에 빠지기도 했다. 그 모든 실험을 거친 괴테에게 "사랑으로 행복해질 수 있을까?"라고 질문을 한다면 아마 이렇게 대답할 것이다.

"행복해질 수 있다. 하지만 그냥 막 사랑의 감정을 밀어붙이는 것이 아니라, 조건을 꼼꼼히 따지며 서로 빛을 나누려는 자세가 필요하다."

사랑 그 자체에 헌신하라

1788년 뜨거운 7월의 어느 날, 괴테는 바이마르 공원을 산보하다가 크리스티아네 불피우스를 만나게 된다. 그녀는 23살이었는데 주변의 묘사에 따르면 관능과 정열이 온몸에 흐르는 여성이었다. 그녀는 괴테에게 자기 오빠의 작품을 추천해달라고 부탁하면서 가까워졌다. 가난한 하급관료의 딸로 괴테와 신분 차이가 많이 나는 여성이었지만 괴테는 그녀를 사랑했다. 아니, 정확히 말해 그녀의 매력에 푹 빠졌다. 특히 신체적 매력에.

불피우스는 지적인 면에서는 괴테와 소통하지 못했다. 그녀와 괴테가 사귄다는 사실에 오랫동안 괴테와 교류해온 샤를로테 폰 슈타인 부인은 마음을 닫기 시작했고, 결국 불피우스와의 동거 이후 관계가 멀어졌다. 괴테가 바이마르에 올 수 있게 아들인 카를 아우구스트 대공을 설득했던 안나 아말리아도 괴테의 선택에 낙심했다. 바이마르 귀족과 평민들은 괴테와 불피우스의 관계에 대해서 안 좋은 이야기를 입에 올렸다. 하지만 두 당사자는 동거하면서 아이를 5명이나 낳았다. 비록 살아남은 것은 아들 아우구스트 하나뿐이었지만. 둘은 관습에 따른 결혼은 하지 않았다.

그러던 중 나폴레옹의 프랑스 군대가 1806년 바이마르를 점령한다. 나폴레옹은 『젊은 베르터의 고통』을 감명 깊게 읽어 괴테를 존경했지만, 점령 군인의 눈에 괴테의 집은 그저 약탈의 대상일 뿐이었다. 프랑스 군인들은 괴테의 집에 침입해서 와인을 꺼내 먹고 주인 나오라며 무례하게 소리를 쳤다. 그날 밤에는 총검을 꽂고 괴테의 침실로 들어왔다. 괴테는 겁에 질려 온몸이 굳어버렸지만 불피우스는 달랐다. 고함을 지르고 몸싸움까지 벌이며 군인들을 집 밖으로 내쫓았다. 괴테는 이날을

'화재와 약탈, 그리고 공포의 밤'이라고 묘사했다. 며칠 후 둘은 정식으로 결혼했다. 지난 18년간 괴테의 하녀 혹은 운 좋은 동거녀로 불렸던 불피우스가 정식 부인이 된 것이다.

어떤 사람들은 괴테가 자신의 생명을 구해준 것에 대한 보답으로 그냥 결혼을 해준 것이라고 했지만 결혼을 억지로 할 괴테는 아니었다. 불피우스가 가정을 지키는 모습에서 새로운 사랑을 느낀 것이다. 첫눈에 반한 열정, 그 이후 20년에 가까운 동반자로서의 친밀감 이외에 죽음도 불사하는 헌신까지 사랑의 세 요소를 모두 갖춘 결과였다.

사랑하는 대상이나 정열을 쏟을 분야를 쉽게 바꿨던 괴테에게 헌신은 새로운 가치를 느끼게 하는 경지였다. 그는 지금까지와는 달리 사랑의 강력한 힘을 느꼈다. 그래서 젊은 날 자신의 발목을 잡을 것이라며 그렇게 두려워했던 가정다운 가정을 공식적으로 꾸리게 된다.

1816년 6월, 불피우스가 신부전에 따른 요독증에 의해 사망했을 때 괴테는 다음과 같은 애도시를 지었다.

"오 태양이여, 암울한 구름으로부터 얼굴을 내밀려 해도
그대의 노력이 헛되구나!
내 평생 이룬 모든 업적을 다 허문다 해도
어찌 그대를 잃은 상실감에 비할까."

괴테가 젊은 시절 지은 시「들장미」와는 확실히 다른 사랑의 세계를 보여준다. 『친화력』에서는 오랫동안 결혼을 미뤘던 작가답지 않게 다음과 같이 말하기도 했다.

"결혼생활은 모든 문명의 시작이자 정점이오. 결혼은 거친 자들을 온화하게 만들지요. 교양이 있는 사람이라면 따뜻한 정을 느끼기에 이보다 더 좋은 기회는 없을 것이오. 결혼은 절대로 파괴되어서는 안 됩니다. 결혼이 가져다주는 많은 행복에 비하면 하나하나의 작은 불행은 아무것도 아니지요."

열정적으로 사랑에 뛰어드는 베르터 같았던 괴테, 슈테판 부인 등과 편지를 주고받으며 자유롭게 친밀감을 나누던 괴테가 헌신의 상징인 결혼을 찬양하는 사람으로 변한 것이다.

흔히 사랑은 대상의 문제라고 생각한다. 그러나 대상에 의한 사랑은 그 대상이 마음을 열어주지 않거나 변하면 비극으로 끝난다. 내가 그 대상을 올바르게 바라보지 못해도 비극으로 이어지게 되어 있다. 반면에 같은 대상이라고 해도 마음의 준비가 되어 있으면 다른 사랑을 할 수 있다.

불피우스와 괴테는 거의 20년 동안 연애 혹은 동거 상태로 살았다. 즉 객관적으로 보면 대상은 바뀌지 않았다. 그랬던 괴테가 더 깊어진 사랑의 마음으로 불피우스와 결혼을 결심하게 된 것은 자신의 마음이 그만큼 성숙했기 때문이다. 자신의 마음이 준비되어 있지 않다면 제대로 된 대상을 만나도 사랑을 이루기 힘들다. 예를 들어 금이 무엇인지 가려낼 안목이 없다면 길거리에 금덩이들이 굴러다녀도 발걸음을 방해하는 돌로 보일 뿐이다. 마치 많은 여자를 만나도 마음만 더 산란해졌던 젊은 날의 괴테처럼 말이다. 불피우스 이전에도 괴테에게는 온 마음과 생명을 바쳐 사랑해준 프리데리케라는 헌신적인 여인이 있었다. 하지만 젊은 날의 괴테의 눈에는 그녀가 행복을 나눌 상대가 아니라 성공을 향해 비상하려는 자신의 발목을 잡을 족쇄처럼 보였다.

젊은 시절 괴테의 머릿속은 화려한 사교모임과 번듯한 직장, 사회적 성공에 대한 욕망으로 가득 차 있었다. 그 때문에 자신을 사랑하는 사람들에게 많은 상처를 남겼다. 하지만 불피우스와 일상을 공유하는 사랑을 이어가면서 괴테는 완전히 다른 사람이 되었다. 물론 불피우스가 목숨을 걸고 가정을 지켜준 특별한 사건이 있었지만, 그 바탕에 그녀와 함께한 일상의 아름다움, 오랜 추억이 없었다면 그저 커다란 금전적 보상을 해주거나 근사한 시를 바치는 수준에서 멈췄을 것이다. 결혼을 결심하고 작품에서 결혼을 찬미할 정도로 변하지는 못했을 것이다.

괴테를 이 여자 저 여자 옮겨가며 사랑을 나눈 호색한으로 여긴 독자가 있다면 실망할 일화가 있다. 불피우스가 관능적이었다고 해서 현대적 의미로 가슴이 큰 육감적인 모습을 떠올린 독자 역시 실망할 것이다. 불피우스는 가슴이 작아서 고민이 많던 여성이었다. 그런 그녀에게 괴테는 "당신의 심장과 더 가까울 수 있어 좋아요"라고 말해주었다. 어느새 그는 상대방의 단점까지도 사랑의 마음으로 감싸주는 사람이 된 것이다.

살아 있는 우리는 사랑한다

괴테는 1807년 일 때문에 잠시 예나에 머물게 되었다. 그때 서점 주인의 수양딸을 만나게 된다. 그녀의 이름은 민나 헤르츨리프. 그녀의 나이는 18세였다. 그녀를 본 괴테는 첫눈에 사랑의 열정에 빠지게 된다. 유부녀 로테를 사랑한 베르터, 샤를로테를 사랑한 청년 괴테가 아니라, 장년의 유부남 괴테가 부인을 두고 다른 여인을 사랑하게 된 것이다. 괴테는 거역할 수 없는 힘에 의해 사랑이 밀려드는 경험을 한다. 그러나 과거와는 다르게 그 사랑을 자제한다. 괴테는 민나 헤르츨리프에게 열정을 다하는 대신에 1810년 바이마르궁정에서 그동안 미뤘던 불피우스와의 결혼식을 올린다. 그리고 동시대 화학자인 베르크만(Bergmann)의 저서를 읽고 자신의 체험과 생각을 구체화시켜 『친화력(Die Wahlverwandtschaften)』을 1년 반 동안 썼다. 그 이야기는 묘하게도 1년 반 동안 주인공 사이에 일어난 관계 변화를 다루고 있다.

흥미롭게도 주인공 에두아르트와 오틸리에는 정열적으로 사랑을 하다 둘 다 죽음을 맞이하지만, 대위와 샤를로테는 친화력만큼 자제력도 있어 극단적인 파국에 이르지는 않는다. '거역할 수 없는 사랑의 힘'. 겉보기에는 익숙한 애정소설의 테마로 설명될 듯한 에두아르트의 애정 관계는 화학적 관계로 더 잘 설명할 수 있다. 친화력은 화학반응에서 두 원자나 분자 사이의 반응성을 나타낸다. 예를 들어 수소 분자와 산소 분자는 서로 친화력이 높기 때문에 격렬하게 반응해 물 분자를 만들어낸다. 반면 서로 친화력이 낮은 헬륨과 산소는 같이 있어도 아무 일이 일어나지 않는다. 소설 『친화력』의 주인공 에두아르트와 오틸리에는 수소와 산소이다. 오틸리에는 대위와는 일상적으로 많이 부딪혀도 마치 산소와 헬륨처럼 아무 일노 일어나지 않는다. 오히려 사회적 억압이 많아서 사랑에 빠지면 안 되는 관계인 에두아르트에게 빠진다. 화학반응(결혼)을 통해 두 원자(개인)가 분자(부부)로 결합돼 있지만 좀 더 친화력이 높은 상대인 오틸리에가 주변을 맴돌자 에두아르트에게는 새로운 화학반응(불륜)이 일어난다. 거역할 수 없는 자연의 힘에 끌려가듯이.

물론 괴테는 화학 논문을 쓰듯이 소설을 쓰지는 않았다. 그래서 새로운 화학적 결합이 일어난 커플이 더 잘 살게 되었다는 결말이 아니라 윤리적인 문제가 있는 관계를 비극으로 만들어 마무리했다. 끝까지 욕망을 억누르려 죽음을 선택한 오틸리에를 '성녀' 혹은 '순교자'로 묘사한다. 하지만 괴테는 이 이야기가 불륜은 반드시 단죄된다는 권선징악이나 자제력을 강조하는 윤리 교양소설로만 읽히지 않도록 씁쓸한 느낌을 남겨두었다. 그 이유는 윤리적 교훈을 강조하고 싶은 마음만큼이나, 작가이자 과학자로서 서로 친화력이 높은 남녀 사이가 맺어져야 이상적인 자연의 법칙을 따르는 것이라는 생각이 컸기 때문이다.

괴테는 『젊은 베르터의 고통』에서 보여준 좌충우돌하는 애정관에서 벗어나 남녀관계를 포함한 모든 인간관계도 자연의 법칙을 따르는 것이 마땅하다고 주장한다. 소설의 앞부분에는 남자들이 당시 최신 학문인 화학을 샤를로테에게 설명하는 대화가 나온다.

"B와 내적으로 결합되어 있는 A가 있고, 이런저런 수단과 강제를 통해서도 A가 그것으로부터 분리될 수 없다고 생각해보십시오. D에 대해서도 그와 똑같은 관계에 있는 C가 있다고 생각해보세요. 이제 그 두 쌍을 서로 접촉하게 해보세요. A는 D에게, C는 B에게로 몸을 던지게 되는데, 이때 과연 누가 먼저 다른 것을 버리고 떠났으며 누가 먼저 다른 것과 다시 결합했는지 우리는 말할 수가 없답니다."

에두아르트는 샤를로테를 A로, 자신을 B로, 대위를 C로, 오틸리에를 D로 칭했다. 그러면서 오틸리에는 왼쪽에, 자신은 오른쪽에 편두통을 앓기 때문에 서로 마주 보면 멋진 한 쌍이 될 것이라는 농담까지 했다. 괴테는 이미 소설의 앞부분에 자신의 결론과 주제를 과학 이론을 통한 은밀한 암시로 집어넣었다.

결혼 이후 불피우스에게 헌신하기는 했지만, 괴테의 정신적 사랑은 계속 되었다. 『서동시집(West-östlicher Diwan)』의 「줄라이카 편(Buch Suleika)」에는 마리아네를 향한 괴테의 마음이 담겨 있다. 1814년 8월 괴테는 프랑크푸르트의 저명인사인 빌레머와 함께 온 마리아네를 보았다. 아담한 체구였던 그녀는 신체적 매력보다는 시적 재능이 눈에 더 띄었다. 1814년 9월, 30살이었던 마리아네는 54살의 빌레머와 결혼했고, 괴테는 빌레머를 통해서 마리아네와의 만남을 계속했다. 시간이 지날수록 이들의 정신적 교류는 점점 더 크고 깊어져 괴테는 사랑의 시를 바치고, 그녀도 화답하는 시를 지어 보낸다. 그때 쓴 시들 중 네 편이 「줄라이카 편」에 수록되어 있다. 하지만 둘의 인연은 1815년 10월 괴테가 바이마르로 돌아가면서 멀어졌다. 이후로 그들은 편지 왕래만 몇 차례 했을 뿐 죽을 때까지 서로 만나지 못했다. 그럼에도 불구하고 괴테가 죽기 한 달 전에 '내 사랑의 그 눈 앞으로'라는 글을 시작으로 사랑을 담아 쓴 편지의 수신자는 마리아네였다.

괴테는 죽을 때까지 사랑을 멈추지 않았다. 1821년 72살의 괴테는 마리엔바트의 온천에서 17살의 울리케 폰 레베초프를 보고 첫눈에 반한다. 그때 괴테의 마음은 「마리엔바트의 비가(Marienbad Elegie)」에서 확인할 수 있다. 바이마르 국왕에게 그녀와 맺어질 수 있도록 중매를 해달라고 졸랐을 정도였다. 왜 이렇게 괴테는 사랑에 매달린 것일까? 그 답은 한창 청춘을 보내는 사람들이 건네는 답과 별반 다르지 않다.

"살아 있으니까 사랑을 하고 싶은 것이다."

"살아 있음을 느끼고 싶으니까 사랑을 하고 싶은 것이다."

내 안의 무엇이 부족해서 그것을 다른 사람의 노력으로 채우고 싶다는 마음에서 사랑하려 했던 것이 아니다. 현실이 답답하니 시원한 바람을 맞자는 심정으로 마음에 불을 질러보는 것도 아니었다. 괴테는 불피우스든 슈테판 부인이든 마리아네든 울리케이든 상대방에게서 아름다운 가치를 발견하고 그 가치를 함께 누리는 또 다른 자기 자신으로 올라서려는 마음으로 사랑을 했다. 자기가 세상의 중심이니 그 중심에 맞는 퍼즐 조각으로 상대방을 우겨넣으려 했던 것이 아니라, 여태까지의 퍼즐을 부수고 다른 자신으로 새로운 퍼즐을 조립하면서 다른 사람들이 가진 가치를 나누어 넣으려고 했다. 상대방의 것을 부수는 것이 아니라, 상대방의 가치를 닮은 조각을 자기 삶 속에 새로 만들어 넣으려고 했다. 사랑은 우리에게 행복을 안겨주는 지름길이기 이전에 애초에 삶의 기본 요소이기 때문이다.

1799년 5월 23일 슈타인 부인에게 보낸 편지에는 예언처럼 그의 인생 전체를 관통하는 사랑에 대한 열정이 담겨 있다.

우리는 어떻게 태어났는가 / 사랑으로
우리는 어떻게 소멸하는가 / 사랑이 식으면
우리는 무엇으로 자기를 이겨낼 수 있는가 / 사랑의 힘으로
우리는 무엇으로 사랑을 찾을 수 있는가 / 사랑의 빛으로
우리는 무엇으로 밤새 울 수 있는가 / 사랑의 감동으로
우리는 무엇으로 변함없이 이어질 수 있는가 / 사랑의 온기로!

괴테는 시인과 궁정인의 갈등을 그린 1789년에 쓴 희곡 『타소(Torquato Tasso)』에서 다음과 같이 말한다.

사람은 사랑으로 살아간다.

지식이 더욱 깊어지고 완전해져야 하듯

사랑과 정열도 더욱 힘찬 생기로 넘쳐나야 한다.

사랑은 마음의 여유가 있어 하는 것이 아니다. 혹은 마음의 여유를 찾고자 하는 것도 아니다. 사랑은 살아 있는 한 해야 하고, 할 수밖에 없는 삶의 양식이라고 괴테는 말하고 있다. 그래서 결혼과 출산을 포기하는 시대에도 사랑이라는 감정은 포기할 수 없고 포기해서도 안 된다. 단, 자신이 누구인지 알아야 자신에게 맞는 사람과 제대로 사랑을 할 수 있다. 자신이 물인 줄 안다면 기름과 억지로 섞이려 무리하기보다는 포도와 만나 맛난 포도주가 되어 즐거움을 나누는 게 좋지 않을까?

『시와 진실』

Aus meinem Leben: Dichtung und Wahrheit

『시와 진실』은 괴테의 자서전이다. 1749년 자신의 출생에서부터 1775년 카를 아우구스트 대공의 초청을 받아 바이마르로 떠나던 26살 때까지의 생애를 다루고 있다. 자서전의 내용은 팔팔했던 청년기에 머물고 있지만, 괴테가 이 글을 쓸 때는 중병에 걸려 죽기 전에 삶을 정리해야겠다고 결심한 60대였다. 덕분에 이 작품은 괴테의 청년기까지의 행적과 작품의 의미에 대한 생생한 묘사뿐만 아니라 노년에 얻은 깊은 통찰력까지 맛볼 수 있는 최고의 보물창고이다. 프로이트(Freud)는 괴테가 자신의 어린 시절을 묘사한 부분을 가지고 정신분석을 하기도 했다.

『시와 진실』은 『식물변태론』을 바탕으로 기획되었다. 즉 1부에서는 생명이 씨앗으로 환경에 뿌려져 어린아이로 뿌리를 뻗고 떡잎을 펼치며, 2부에서는 소년이 가지들을 키우고, 3부에서는 줄기가 꽃망울을 틔워 꽃을 피우는 청년기로 이어지도록 구성하려고 했다. 하지만 막상 글을 쓰면서 자신의 삶을 결정지었던 많은 우연들을 발견한 괴테는 계획에 따르기보다는 자연스럽게 이야기가 흘러가는 방향으로 원고를 썼다. 덕분에 1천 페이지가 넘는 분량에 여러 이야기가 뒤섞이면서도 조화로운 작품이 될 수 있었다.

자서전이기는 하지만 모든 일을 사실 그대로 썼다고 할 수는 없다. 괴테는 개인의 고백이 아니라, 괴테라고 하는 하나의 인간을 표본으로 해서 인간이 어떻게 성장하고 세계는 어떻게 움직이는가를 보여주고자 했다. 그래서 당시의 철학적 흐름, 문화, 사회적 사건에 대한 지식과 함께 허구적 요소도 넣었고, 이것을 통해 자서전이 하나의 교양소설처럼 읽히기를 바랐다. 그 다양한 내용 가운데 특히 눈길을 끄는 내용은 사랑에 대한 것이다. 괴테는 각각의 사랑이 어떤 작품에 반영되었는지도 밝혔다. 즉 첫사랑 프리데리케 브리온과 헤어진 뒤 어떻게 「제젠하임의 노래(Sesenheimer Lieder)」를 만들게 되었는지, 샤를로테 부프와의 이루어질 수 없는 사랑을 어떻게 『젊은 베르터의 고통』으로 녹여냈는지, 릴리 쇠네만과의 약혼과 파혼을 오간 롤러코스터 같은 사랑을 희곡 『에그몬트(Egmont)』로 어떻게 승화시켰는지 등이 담겨 있다.

괴테의 일생과 작품에 대한 깊은 이해 이외에도 18세기의 풍속과 시대상을 괴테의 탁월한 묘사로 생생하게 체험할 수 있다는 것도 이 작품의 큰 장점이다. 7년 전쟁의 사회적 충격, 요제프 2세의 대관식에서 드러난 궁중의 화려함, 프랑스 문화를 선진 모델로 놓고 자국 독일의 문화는 경시했던 사회적 분위기, 귀족과 평민의 반감, 종교에 대한 열정적인 신념, 이성에 대한 굳건한 믿음 등 당시의 사회 문화적 풍경을 두루 살필 수 있다.

자서전임에도 전체 생애를 다루지 않은 이유는 나중에 괴테가 요한 페터 에커만과의 대화에서 밝혔던 것처럼 '한 개인에게서 가장 중요한 시기는 발전의 시기'였기 때문이다. 괴테에게 청소년기와 26살까지의 청년기가 바로 그런 발전의 시기였다. 자신의 삶에서 발전의 시기를 만들고 싶은 사람이라면 구체적인 역할 모델과 실천 지침을 얻기 위해 꼭 읽어봐야 하는 작품이다.

4장

인간은 혼자서는 살 수 없다

신분과 나이를 초월한 우정

괴테와 사랑을 나눈 여인들은 많다. 그리고 우정을 나눈 사람들도 아주 많았다. 바이마르의 카를 아우구스트 대공은 괴테보다 나이가 열 살 정도 아래였는데 신분과 나이를 초월해서 괴테와 한밤중까지 격의 없이 대화를 나누기를 좋아했다. 그러다가 나란히 안락의자에 잠이 든 적도 있을 정도였다. 괴테는 비이마르에 있었지만 바이에른 왕과도 자주 편지를 주고받았다. 1828년에 바이에른 왕이 자신의 궁정화가였던 슈틸러를 바이마르로 보내 괴테의 초상화를 그리게 할 정도로 둘의 사이는 가까웠다. 괴테의 또 다른 자서전이라고 할 수 있는 『괴테와의 대화』를 쓴 에커만도 괴테의 작품 출판을 도우며 10

년 넘게 가까이 지냈다. 이 외에도 러시아 출신 근위장교였던 로이터른, 10년 넘게 함께 생활한 화가 마이어, 아우구스트 빌헬름 슐레겔, 라인하르트 백작, 궁정극장의 배우와 직원, 유럽과 미국 등지에서 온 해외 이주민이나 방문객 등 괴테는 엄청나게 다양한 사람들과 교류했다.

헤르더도 괴테의 인간관계에서 빠지지 않는 인물이다. 헤르더는 질풍노도 문학운동의 실질적 선도자였다. 그러나 그는 문학가는 아니었다. 문학작품을 창작하지는 않았지만 『신 독일문학 평론 단편(Fragmente über die neuere deutsche Literatur)』, 『독일의 예술과 미술에 관하여(Von Deutscher Art und Kunst)』 등 많은 저술과 비평으로 질풍노도 운동을 주도했다. 헤르더는 어려운 환경 속에서 유년기를 보냈고, 쾨니히스베르크에서 신학을 전공하면서 임마누엘 칸트(Immanuel Kant)와 요한 게오르크 하만(Johann Georg Hamann)의 강의를 들었다. 이 시기에 헤르더는 칸트보다는 하만의 영향을 더 많이 받았다. 하만은 쾨니히스베르크 출신의 사상가이다. 그는 당시 이성을 강조하던 계몽주의와는 다르게 감정과 감각의 중요성을 주장했다. 그는 자기만의 사상체계를 세우지 않고 단지 잠언의 형식으로만 발표했기 때문에 일반인이 그의 글을 이해하기는 난해했다. 하지만 교양을 쌓았던 질풍노도의 작가들은 그를 '북방의 마술사'라는 애칭으로 부르며 존경했다. 헤르더도 그중 하나였다. 헤르더는 하만의 사상을 직접 계승하여 더욱 발전시켰고, 괴테와의 만남에서 그것을 전해주기도 했다. 헤르더는 문학은 그 나라의 민족성에 따라 만들어지는 것이며, 모국어로 표현해야 한다고 생각했다. 그런 그에게 당시 고대문학과 영국과 프랑스 문학을 모방하던 문단은 개혁해야 할 대상으로 보였을 것이다. 어릴 적부터 다양한 문학작품을 꾸준히 보았던 괴테도 막연하게나마 외국문학을 모방하는 독일문단을 경멸하던 차에 헤르더를 만나 민족문학 창조의 필요성을 더욱 절감하게 되었다. 이렇듯 헤르더가 한 역할은 괴테 등 젊은 작가를 통해서 그 시대를 지배하고 있던 정신을 새롭게 바꾸는 일이었다. 그리고 새로운 독일정신을 독자적으로 창조하는 초석을 닦기도 했다. 나중에 괴테는 헤르더를 바이마르의 궁정 목사로 추천해서 더욱 가까이 지냈다.

헤르더의 영향을 받아 괴테와 함께 질풍노도 운동을 벌인 사람들은 모두 괴테와 특별한 관계를 맺었다. 야코프 미하엘 라인홀트 렌츠(Jakob Michael Reinhold Lenz)는 목사의 아들로 태어나 클로프슈토크의 시에 영향을 받고 일찍부터 종교적 서사시를 썼다. 쾨니히스베르크대학에서 신학을 배운 후 슈트라스부르크에서 괴테와 교류를 시작해 이후로는 괴테와 죽 함께했다. 렌츠는 1774년에 아리스토텔레스의 시학을 부정하고 셰익스피어를 찬미한 평론 『연극각서(Anmerkungen übers Theater)』, 사회를 날카롭게 비판한 희극 『가정교사(Der Hofmeister)』를 내놓았으며, 1776년에는 장교와 상인의 딸의 정사라는 파격적 소재로 사회를 비판한 희극 『군인들(Die Soldaten)』를 발표하기도 했다. 새로운 것에 도전하기를 좋아하는 괴테가 렌츠를 좋아한 것은 자연스러운 일이었다.

괴테는 모차르트와도 만났다. 1763년 괴테가 14살일 때 프랑크푸르트 연주회에서의 만남은 평생 지울 수 없는 기억이 되었다. 괴테는 나중에 이렇게 평가했다.

"천재란 시대를 초월하는 것을 창조하는 사람이다. 어떻게 시대를 초월하는가 하면, 천재의 작품에는 측정할 수 없는 깊이가 있어서 시대와 함께 더욱 더 성장해간다. 그것은 민족 속에서, 예술가 속에서 계속 성장해간다. 모차르트의 음악에서 엿보이는 멜랑콜리는 변화하는 시대 속에서 각각의 시대 감각에 따라 자유로이 받아들여지는 보편성을 띤다. 멜랑콜리는 결코 비애나 슬픔만을 뜻하는 것이 아니다. 그 속에는 미소가 들어 있으며 약간의 기쁨도 들어 있다. 그것은 삶의 기쁨을 느끼는 동시에 죽음에 대해서도 피할 수 없는 필연성을 느끼는 기분이다. 이 기분은 모차르트의 어느 작품에도 나타나 있다. 아름다운 자연의 풍경도 언젠가는 사라져간다는 애수를, 기쁨과 아픔을 모차르트는 동시에 느낀 것이다."

모차르트 덕분에 음악에 깊은 관심을 갖게 된 괴테는 자신의 시나 희곡에 음악적 요소를 넣었으며, 모차르트는 1785년 6월 괴테의 시를 바탕으로 〈제비꽃 K. 476(Das Veilchen K. 476)〉을 작곡했다. 최고의 경지에 오른 두 사람이 서로에게 영향을 주고 도움이 되는 인간관계의 모범을 보인 셈이다.

1747년 스트라스부르크에서 출생한 하인리히 레오폴트 바그너(Heinrich Leopold Wagner)는 스트라스부르크대학 시절 괴테, 렌츠와 친구가 되었다. 그리고 1774년에는 괴테가 있는 프랑크푸르트로 옮겨 질풍노도 운동에 지대한 공헌을 했다. 그는 1776년과 1779년 각각 다른 버전으로 발표한 『아이 살해자(Die Kindermörderin)』와 같이 주로 익명으로 작품을 발표했으나, 워낙 파격적인 내용과 주제 덕분에 금세 이름이 알려졌다.

실러의 두개골을 바라보며

누가 뭐래도 괴테와 가장 친했던 친구는 실러였다. 프리드리히 폰 실러는 1759년 뷔텐베르크의 소도시 마르바하 출생으로 괴테나 다른 작가와는 나이 차이가 나는 편이다. 그러나 탁월한 능력과 개성으로 괴테와 함께 질풍노도 문학운동의 발전을 도모했다. 실러는 1781년 정의와 자유를 위해 한 젊은이가 부정한 지배계급에 도전하는 5막짜리 희곡 『군도(Die Räuber)』를 집필하고, 군의관 시절 그 작품을 직접 상연해서 유명해졌다. 이 희곡은 괴테의 『괴츠 폰 베를리힝겐』과 더불어 질풍노도 운동의 대표적 희곡으로 손꼽히고 있다. 그 이후 실러는 1783년 『피에스코의 반란(Die Verschwörung des Fiesko zu Genua)』을 개작하고, 1784년 『간계와 사랑(Kabale und Liebe)』을 집필하는 등 창작에 열정을 다했다.

실러와 괴테는 말 그대로 같은 지역에서 이웃사촌으로 지내면서 거의 모든 문제에 대해서 협의하고 조언했다. 『파우스트』와 『빌헬름 마이스터의 수업시대』에 지속적인 충고와 영감을 불어 넣어준 것도 실러였다. 1805년 실러가 죽을 때까지 우정이 지속되었지만 둘은 많이 달랐다. 괴테는 현실과 실재를 중시했고, 실러는 칸트의 영향을 받아 관념적인 사색을 중시했다. 하지만 「호렌(Die Horen)」과 「프로필레엔(Propylgen)」이라는 잡지를 공동으로 발간할 정도로 둘의 사이는 아주 좋았다.

흔히 취미와 기호가 비슷할수록 친하다고 하지만 괴테와 실러는 정반대였다. 실러는 썩은 사과를 책상 서랍에 넣어두는 독특한 버릇으로도 유명했다. 악취를 맡으면 집필할 때 영감이 잘 떠오른다는 이유에서였다. 괴테는 썩은 사과 냄새에 질색했지만, 그것을 실러의 특징으로 너그럽게 받아들이려 했다.

처음부터 둘의 사이가 좋았던 것은 아니다. 괴테는 실러보다 10년이나 연상이었고 처음에는 실러를 마뜩치 않게 생각했었다. 선동적인 성격이 강한 희곡 『빌헬름 텔(Wilhelm Tell)』을 처음 읽었을 때 실러에 대해 '강렬하지만 미숙한 재능을 지닌 남자'라고 표현하기도 했다. 하지만 이탈리아 여행을 다녀온 1788년 가을 39살의 괴테는 극장에서 29살의 실러를 직접 만난 뒤 생각이 완전히 바뀌었다. 날카로운 이성으로 작품을 분석한다고 해서 작가를 완전히 파악할 수는 없었던 것이다. 그 이후 둘은 문학적 동지이자 인생의 동반자로서 진한 우정을 나누었다. 서로 주고받은 편지만 1,000통이 넘을 정도였다. 주변에서 늘 괴테를 보살폈던 청년 시인 하인리히 포스(Heinrich Voss)는 실러가 죽기 2개월 전 병약한 몸을 이끌고 괴테를 만났던 상황을 다음과 같이 묘사했다.

"그들은 서로 목을 부둥켜안고 오랫동안 다정하게 키스를 했고, 그러고 나서야 그들 중의 하나가 말을 꺼냈다. 그들 중 아무도 자신이나 상대방의 병에 대해서 말을 하지 않았고, 두 사람이 다시 맑은 정신으로 하나가 되었음을 순수한 기쁨으로 즐겼다."

그러나 그 뒤 실러는 병이 더욱 깊어져 결국 46세의 나이로 세상을 떠났다. 해부를 맡았던 의사가 이런 몸으로 어떻게 견뎠는지 모르겠다고 할 정도로 내부 장기가 형편없이 상해 있었다. 마침 당시 괴테도 몸이 아픈 상태였기 때문에 임종을 지키지 못했다. 주변 사람들은 실러의 죽음을 괴테에게 알리는 것을 두려워했다. 그 정도로 괴테는 실러를 끔찍하게 아꼈다. 괴테는 실러가 많이 아프냐는 물음에 사람들이 대답을 피하고, 자신의 아내가 갑자기 울음을 크게 터트리는 것을 보고서야 실러가 죽었음을 깨달았다. 실러의 죽음을 안 괴테는 한동안 말을 잃었다. 그 뒤에도 실러의 시신을 보려고 하지 않았다. 실러가 죽은 지 3주가 지나서야 겨우 편지에 자신의 슬픔을 다음과 같이 표현했다.

"나는 나 자신을 잃은 것 같은 생각이 든다네. 이제 나는 한 친구를 잃었고 그와 함께 내 존재의 반을 상실했다네."

괴테는 1년이 지난 후에야 마음을 추스르고 실러를 위한 시를 지었다. 나중에 괴테는 시장이 공동묘지에 묻힌 실러의 두개골을 찾아 보내준 것을 자신의 집에 소장하며 「실러의 두개골을 바라보며(Bei Betrachtung von Schillers Schädel)」라는 제목의 34행 시를 쓰기도 했다. 처음에는 싫어했던 사람에게 이런 강렬한 감정을 느끼게 할 정도로 친화력이란 오묘한 것이다.

　재미있는 것은 괴테와 베토벤(Ludwig van Beethoven)은 실러라는 공통분모가 있었음에도 불구하고 끝까지 사이가 별로 안좋았다는 것이다. 베토벤은 열정적이었던 자신과도 비슷한 실러의 시를 무척 좋아했다. 그리고 실러와 친하게 지낸다는 당대 최고의 문학가인 괴테에게도 존경의 마음을 갖고 있었다. 1812년 베토벤은 보헤미아의 온천지인 테플리츠에서 괴테를 만나게 되었다. 하지만 괴테는 베토벤의 개성을 참아내기 힘들었다. 마치 처음 실러의 희곡을 보고 그랬던 것처럼. 첫 만남 이후 서로에게 실망한 둘을 결정적으로 갈라놓은 사건이 있었다. 어느 날 함께 나간 산책에서 우연히 왕족 일행과 마주쳤다. 괴테는 예의를 갖추느라 재빨리 길 가장자리로 비켜서 모자를 벗고 허리를 굽혔다. 자존심이 남달랐던 베토벤은 그런 괴테의 모습이 마뜩치 않았다. 그래서 괴테와 정반대로 일부러 모자를 눌러 쓰고 외투 단추는 풀며 뒷짐을 진 채 왕족에게 다가갔다. 왕족은 그런 베토벤을 알아보고 먼저 인사했다. 괴테는 왕족이 지나갈 때까지 길을 비켜주었다. 베토벤은 괴테에게 이렇게 말했다.

　"저는 선생님을 존경하기 때문에 이제까지 기다렸습니다. 그런데 선생님은 오히려 저 사람들을 더 존경하시는군요."

괴테는 그런 베토벤의 행동이 무례하고 과격하다고 생각했다. 그는 나중에 이렇게 고백했다.

"다른 사람들처럼 나도 베토벤의 재능에 경탄하지 않을 수 없었어. 하지만 불행하게도 베토벤은 자제할 줄 몰라. 그런 음악가가 세상을 멀리하며 사는 것도 무리는 아니지."

베토벤도 괴테에 대해서 이렇게 말했다.

"괴테는 화려한 궁정의 분위기를 너무 좋아해. 이것은 내가 상상했던 진실된 시인의 모습이 아니야."

실러와 베토벤은 둘 다 상대방이 질겁할 정도로 첫인상이 과격했다. 하지만 괴테는 실러에게는 친밀감을 느꼈고 베토벤에게는 거리감을 느꼈다. 대체 친화력이 무엇이기에 이런 차이가 생기는 것일까?

인간관계의 열쇠, 친화력

인간관계를 긍정적으로 유지하려면 자신의 본심을 숨기면서까지 남에게 잘해주라는 말이 있다. 하지만 괴테는 그런 인위적 노력이 오히려 문제라고 생각했다. 아무리 잘해도 실패하는 관계가 있고, 자연스럽게 마음과 마음이 하나가 되어 진정한 친구가 되는 관계가 있다. 이를 설명하기 위해서는 인간의 인위적 노력이 아니라 필연적인 힘인 친화력에 대한 이해가 필요하다.

화학에서 두 요소를 결합시키기 위해서는 해당 요소가 각각 무엇인지부터 확인해야 한다. 그냥 섞으면 어떻게든 '잘되겠지'라는 마음으로 억지로 어울리게 하다가는 예상치 못한 폭발로 큰 피해를 입고 만다. 하지만 대부분의 사람들은 예나 지금이나 자신이 어떤 요소를 가졌고, 상대는 어떤 요소를 가졌는지 살피지 않고 새로운 상황을 만들어보겠다는 일념으로 관계를 맺으려 한다. 하지만 괴테는 다음과 같은 비유로 그런 시도는 실패하게 마련이라고 말했다.

"어떤 사람들은 친구나 오랜 지인으로 만나 포도주와 물이 뒤섞이듯이 금세 어우러지면서도 상대를 함부로 변화시키지 않는다. 반면에 어떤 사람들은 사이가 원만하지 못하여 애써 융화하려 해도 결코 한마음이 되지 못한다. 마치 물과 기름을 휘저어 한데 섞으려고 하면 금세 다시 분리되고 마는 것과 같다."

괴테가 관계를 형성하기 전에 자기 자신이 포도주인지 물인지, 상대가 기름인지 아닌지를 살피는 현명함만을 강조한 것은 아니다. 그는 "스스로 자신의 친구가 되어 자기 관리부터 해야 한다"며 『친화력』에서 다음과 같이 말하고 있다.

"스스로 자신을 제어하지 못하고 그저 되는 대로 안이하게 살다가는 파괴와 타락을 초래할 뿐이다."

자신을 제어하지 못하고 되는 대로 사람을 만나면 그 파괴와 타락이 더 커지니, 평생에 걸쳐 가장 오랜 시간 만나야 하는 자기 자신과 잘 지내는 법을 터득해야만 한다는 뜻이다. 자기계발에 대한 책인 『빌헬름 마이스터의 수업시대』를 쓰기 시작한 다음에 『친화력』을 쓴 이유도 자기계발을 먼저 한 이후에 인간관계를 쌓아야 함을 깨달았기 때문이었다.

인간은 관계적 동물이다. "삶이란 그 누구에겐가 정성을 쏟는 일이다"라는 도종환 시인의 말처럼 인간은 가족, 친구, 연인 등 다양한 사람들과의 관계 속에서 마음을 쓰며 살아간다. 그리고 그 관계는 삶의 모습을 결정짓는다. 나쁜 사람들과 어울리는 사람은 그들의 패악질로 마음고생을 겪느라 삶의 질이 나빠진다. 좋은 사람들과 어울리는 사람은 긍정적 도움을 주고받아 삶이 행복해진다.

추상적으로 '좋은 게 좋은 것'이라고 이야기하기보다 구체적으로 '무엇이 왜 좋고, 무엇이 왜 나쁜지' 꼼꼼하게 따지면 된다. 이 과정에서 헤어지는 사람들도 있을 것이다. 마치 원래 잘 결합하던 물질이었는데, 새로운 약품을 넣으면 쉽게 분리되는 것처럼 말이다. 예전에 잘 지냈다고 앞으로도 꼭 잘 지내야 하는 것은 아니다. 자연은 끊임없이 변한다. 그러면서도 잘 변하지 않는 부분이 있다. 사람도 끊임없이 변한다. 그러면서도 절대 변하지 않는 부분이 있다. 이 점에 대해서 괴테는 이렇게 말한다.

"실제로 변덕스럽다고 여러 불평을 듣는 인간은 오랜 시간이 지나도 바뀌지 않는다. 수많은 외적·내적 자극을 받은 후에도 전혀 달라지지 않는다는 사실이 놀라울 따름이다."

충격적인 사회적 사건이나 개인적 사고를 당했어도 입장이 바뀌는 사람은 드물다. 예전에 배신하고 떠났던 사람을 연민의 마음으로 다시 품어주기도 하며, 예전처럼 똑같이 고통을 받기도 한다. 그러기를 반복한다. 절대 변하지 않는 부분이 부딪히면 자연스럽게 둘은 멀어지고, 다른 부분이 변해서 다시 만날수도 있다. 괴테는 인간도 자연의 일부분임을 강조하며 다음과 같이 말했다.

"인간은 자신이 원하는 대로 방향을 정하거나, 어떤 일을 피하려고 해도 결국 원래의 길로 자연스럽게 돌아온다."

만약 헤어져서 다시 돌아오지 않는다면 아쉬워할 것이 없다. 원래 친화력 없이 억지로 붙어 있던 관계였기 때문이다. 다시 돌아온다면 그만큼 행복한 것이니 헤어지든 다시 만나든 인위적으로 관계를 형성하려 애쓸 필요는 없는 셈이다. 하지만 사람들은 어떻게든 인간관계를 폭넓게 유지하고 싶어 한다. 순수하게 관계에서 오는 기쁨을 위해서가 아니라 관계를 통한 이익을 생각하기 때문이다. 그 이익은 아주 어렸을 때부터 우리를 유혹한다. 『아이들의 숨겨진 삶(Best Friends, Worst Enemies)』에서 저자인 마이클 톰슨(Michael Thompson)은 인간은 생애 초기부터 줄기차게 인정과 권력을 추구한다고 지적했다. 이 두 가지는 독립적인 것이 아니라 서로 밀접한 관련이 있다. 인정을 받거나 권력을 더 많이 갖고 싶어 다른 사람과 사귀기도 하고, 자신이 권력을 더 많이 갖기 위해 욕심을 부리다가 관계가 틀어지기도 하며, 의도적으로 다른 집단의 사람들을 소외시키며 자기 집단에서 인정을 받으려 발버둥치기도 한다.

괴테는 어릴 때부터 많은 어른들을 만나고, 남다른 방황으로 사회 명사는 물론 서민들과도 두루 만나본 사람이었다. 괴테도 처음에는 아무나 가리지 않고 사람을 많이 사귀면 그중에 자신을 행복하게 해줄 사람도 있을 거라며 관계를 일종의 확률게임처럼 생각했다. 하지만 나이가 들어 자연의 이치를 관통하는 성숙한 사고로 자신의 인생과 주변 사람들의 경험을 통찰해보고는 관계는 복권과 같은 것이 아니며, 또 그래서도 안 되는 것임을 깊이 깨달았다.

조건 없이 사랑하고 이해하는 방법

괴테는 네덜란드 철학자인 스피노자(Baruch Spinoza)의 다음과 같은 말에 감동받았다.

"진정으로 신을 사랑하는 자는 신에게 사랑받기를 원해서는 안 된다."

괴테 역시도 관계에는 욕심이 없어야 한다고 생각했다.

"사랑과 우정에는 무엇보다 사심이 없어야 한다. 이것이 나의 가장 큰 바람이며 또한 실천할 일이기도 하다."

괴테가 말한 이 교훈을 무시하면, 앞으로 계속 인간관계에서 고통받으며 "나는 웬만하면 손해를 보며 사는데도, 내 진심을 알아주는 사람이 없어 외롭다"고 투정하는 속물로 살게 될 확률만 높아진다. 성숙한 사람은 이런 투정 대신 "내 진심을 알아주고 자기가 손해를 보더라도 도움을 주는 사람들, 무엇보다도 내가 진심을 다할 가치가 있는 사람들과 함께 지낼 수 있어 항상 행복하다"라고 말한다. 괴테는 이런 말을 했다.

얄팍한 계산을 통한 인위적 노력으로는 장기적으로 인간의 마음을 사로잡을 수 없다는 사실을 깨달을 때 변화는 시작된다. 왜 우리는 오랜 시간 도움을 주고받고 때로는 손해를 보기도 하며 관계를 쌓아가면 더 깊고 진실한 사람들을 곁에 두게 된다는 믿음을 갖기 힘든 것일까? 믿음은 경험에서 나온다. 즉 장기적 관계의 힘을 느낄 수 있는 경험이 부족했기에 믿음도 부족할 수밖에 없다.

인간은 자기를 키워준 부모(혹은 부모와 같은 사람)로부터 관계를 처음 배운다. 부모가 충분히 사랑을 베풀어준다면 아기는 부모를 만나는 것이 반갑고 좋을 수밖에 없다. 그리고 다른 사람을 만날 때도 좋은 일이 생길 것이라는 기대를 갖게 된다. 그 기대는 사소한 실망에는 쉽게 꺾이지 않는다. 편한 마음으로 다른 사람에게 의지할 수도 있고, 다른 사람의 부탁도 들어줄 수 있다. 즉 시간을 두고 친밀한 인간관계를 맺을 줄 아는 사람이 되는 것이다.

만약 부모가 사랑을 충분히 베풀지 않고 형제와 경쟁을 해서 이긴 사람에게만 혹은 좋은 모습을 보였을 때만 사랑을 표현한다면 어떨까? 그런 환경의 아기에게 관계는 행복을 누릴 기회라기보다는 긴장을 주는 스트레스로 인식될 것이다. 부모를 만나는 것이 반갑고 좋은 것이 아니라, 어려운 과제를 해결해야 한다는 부담으로 다가올 수 있다. 그러한 부정적 경험은 다른 사람을 만나도 기대보다는 두려움을 더 크게 느끼게 한다.

사람은 가족을 통해 조건 없이 사랑하고 이해하는 법을 배워야 한다. 그러나 가족심리학자인 토니 험프리스(Tony

Humphreys)의 연구에 따르면 실제 현대의 가정은 이와 거리가 멀다. 가족 간에도 정서적 교류보다는 부모의 수입, 용돈, 소비 등 경제적 조건에 관한 대화가 더 많은 비중을 차지하고, '네가 잘해줘야 나도 잘해준다'는 조건 중심의 관계가 형성되고, 이익을 위해 경쟁하거나 다른 가족의 성공을 시기하며, 소통되지 않는 답답함을 경험하는 경우가 더 많다. 그래서 가족을 행복의 울타리라기보다는 목을 조여오는 끈처럼 느낀다는 사람이 많다.

많은 부모가 자신들이 설계한 진로 계획대로 아이들이 자라기를 바라며 자율성을 없애고, 엄친아나 엄친딸과 비교하며 자극을 주려다가 결국 의지만 꺾고 만다. 가족들과 있으면 마음의 안정보다는 혼란을 더 많이 겪는 청소년들은 온라인에서 가족과 같은 사람을 찾기도 하고, 가출을 하거나 그들만의 가족을 구성하기도 한다. 아니면 괴테가 젊은 날 그랬듯이 연애 상대에게서 가족의 정을 보충하려 무모하게 다가가 서로 상처를 주기도 한다. 사회에 진출한 이후에는 더 살벌한 인간관계에 무방비로 노출되어 결국 더 큰 상처를 입고 마음의 문을 닫아버린다.

기본적인 인간관계인 가족관계가 깨지면 그것의 확장이자 응용이라고 할 수 있는 다른 사회적 관계도 왜곡될 수밖에 없다. 지붕부터 화려하게 꾸민다고 해서 집이 바로 서지 않는 것처럼, 아무리 화술이나 인맥관리 비법을 익힌다고 해도 억지로 관계를 맺는다면 심리적 불안과 상처는 줄어들기 힘들다. 꼭 생물학적으로 피를 나눈 가족일 필요는 없다. 심리학자 에릭 에릭슨(Erick Erickson)이 주장한 것처럼 신뢰를 주고, 자율적으로 처리할 수 있도록 제 몫의 일을 맡기고, 목적의식을 갖도록 힘을 북돋아줄 수 있다면 선생님, 친구, 멘토, 이웃이기만 해도 된다. 심지어 예술작품 속 등장인물이어도 되고, 상상 속 인물이어도 괜찮다. 우리에게 필요한 것은 자신의 긍정성을 발견해줄 가장 가까운 다른 존재이다. 필요할 때나 필요하지 않을 때나 늘 나타나 상호작용을 해주며 '너는 세상에서 나름대로 잘 살아 나가고 있어서 지켜볼 만해'라며 나를 바라봐주는 존재 말이다.

치료자 원숭이의 교훈

괴테는 "마음으로 원한다는 것은 무언가가 자신에게 부족하다고 분명히 느끼는 것이다"라고 했다. 우리가 인간관계를 원하는 것은 그 부분이 결핍되어 있기 때문이다. 부족함을 채우기 위해서는 자신부터 제어하고 상대방을 확인한 뒤 나의 요소와 상대의 요소를 결합하려 노력해야 한다.

　인간관계에 서툰 사람의 가장 큰 문제는 '외톨이'라는 느낌을 스스로 갖는 것이다. 다른 사람(주변 친구뿐 아니라 연예인을 포함해서)과 비교하며 자신이 '못생겨서' '멋진 옷을 입지 못해서' '날씬하지 않아서' 등의 이유로 '난 별 볼일 없는 인간이야'라고 결론을 내린 채 자신을 숨긴다. 그러다 자신을 조금이라도 인정하는 곳이 있으면 마음의 배를 정박시킨다. 그곳이 안락한 항구가 아니라 거친 해적들이 모인 섬이라고 해도. 그러다 상처를 받으면 또 다른 곳을 찾는다. 더 소외된 거친 곳이나 어둠의 동굴도 마다하지 않으며 표류한다. 이때부터는 다른 힘이 삶에 결정적으로 작용한다. 그것은 바로 방황하며 되는 대로 만났던 사람들이 퍼붓는 '관계적 공격(Relational Aggression)'이다. 그 공격에서 살아남으려 발버둥치다가 끔찍한 범죄까지 함께 저지르기도 한다.

　관계적 공격으로 누군가를 왕따로 만드는 이유는 자신의 외로움을 감추고 자존심을 세우기 위해서다. 자신들끼리는 관계가 더 강화되고, 존재감도 확인받을 수 있을 거라 생각한다. 동시에 혹시나 나중에 내가 타깃이 되지 않을까 하는 불안감 때문에 진지하게 자기 속마음을 이야기하지 못한다. 약점을 잡힐지 모른다는 생각 때문에 여럿이 함께해도 더 외롭다고 느낀다.

미국의 사회심리학자 니키 크릭(Nicki R. Crick)의 연구에 따르면 현대인들은 유치원 이후부터 관계적 공격에 노출된다. 관계적 공격은 '관계나 우정, 소속감의 느낌을 훼손하거나 훼손하겠다고 위협해서 다른 사람을 공격하는 것'이다. 이는 신체적 공격과 달리 매우 심리적이다. 목표로 한 공격 대상에 대해서 명백히 부정적인 행동을 하며 집단적으로 따돌리거나, 무관심이나 침묵으로 일관하거나, 악의적인 소문을 퍼뜨린다. 또 상처를 주고 나서 "농담이었어"라며 발뺌을 하거나, "내 말을 안 들어주면 더 이상은 안 만나"라고 위협하는 식으로 정신적인 고통을 안겨준다. 이런 관계적 공격은 잘 모르는 사람에게 받을 때보다 친구나 가족처럼 잘 아는 사람에게서 받았을 때 상처가 크다.

관계적 공격은 말 그대로 '관계'에서 온다. 관계가 행복을 만드는 지름길이라 믿었던 사람이라도 관계적 공격을 당하면 관계에 방어적 태도를 보일 수밖에 없다. 이득보다는 손실에 더 민감한 인간의 특성상 관계를 통한 즐거움보다는 상처라는 손실에 더 신경을 쓰며, 도전보다는 자기를 방어하는 식으로 관계를 쌓게 된다. 플러스가 아닌 마이너스라는 틀로 접하다 보니 관계가 삶의 즐거운 원천이 아니라 스트레스의 근원이 되는 것이다. 관계는 이렇게 진심이 아닌 생존전략 혹은 사냥놀이가 되어버린 지 오래다.

관계적 공격을 받지 않기 위해 보험을 드는 심정으로 적당히 관계를 유지하니 정작 본심을 나눌 사람이 없어 외로워하는 사람들이 많다. 그들에게 인간관계 유지 기술을 가르치는 것은 별로 도움이 되지 않는다. 오히려 그런 기술만 있어서 문제다. 관계를 잃고 싶지 않으니까 솔직한 감정을 표현하기보다는 조건반사처럼 사과한다. 그러다 분노가 쌓이면 뒤에서 비난을 퍼붓는다. 결국 관계적 공격자가 되어 우정을 깨뜨리거나 차라리 혼자인 게 더 편하다며 모든 관계를 단절하고 산다. 그러면서 또다시 외로움에 몸부림친다.

이런 악순환에서 벗어나려면 한 집단에서 관계가 갖는 긍정적 힘에 대한 신뢰를 회복시킬 수 있는 사람이 하나쯤은 있어야 한다. 위스콘신대학의 해리 할로우(Harry F. Harlow)가 수행한 치료자 원숭이(therapist monkey) 실험은 그런 역할의 필요성과 효과를 증명했다. 할로우 박사는 갓난 원숭이를 어미와 사회로부터 격리시켜 혼자 살게 했다. 그러자 그 원숭이는 혼자 우두커니 앉아 있거나 자해를 하거나, 새끼를 낳아도 돌보지 않았다. 또한 다른 원숭이와 어울리지 못하고 위협적인 행동을 했다. 그런 원숭이들이 있는 우리에 대인관계가 좋은 치료자 원숭이를 집어넣었다. 그러자 격리 원숭이들은 처음에는 불안해하다가 시간이 지나자 치료자 원숭이와 놀기 시작했다. 치료자 원숭이는 상대가 자신을 경계하고 밀쳐내려 해도 친밀하게 접근했다. 그 결과 몇 주 후 격리 원숭이들은 함께 털을 골라주고 예전에는 경험하지 못한 정서적인 교류를 자발적으로 하기 시작했다. 연구자들은 원숭이 전문가에게 치료자 원숭이와 격리 원숭이를 구별해보라고 요청했다. 전문가들은 원숭이들을 제대로 구별해내지 못했다. 격리 원숭이가 정상 원숭이로 완벽하게 치료된 것이다.

괴테가 말년에 바이마르를 찾은 사람들을 기꺼이 만나고, 얼굴을 보지 못한 사람들의 문제까지 편지를 통해 자문해준 것도 일종의 치료자 원숭이의 역할을 하기 위함이었다. 관계가 너무 힘들면 자신이 치료자 원숭이가 되어 보는 것도 좋은 변화의 시작이 될 수 있다.

관계적 공격의 피해자가 되는 것도 문제이지만, 어쩔 수 없다며 계속 공격자가 되어 관계를 이어가는 것도 문제이다. 관계적 공격에서는 피해자나 공격자 모두 행복할 수 없다. 치료자 원숭이처럼 집단 내의 한 사람이 진심을 다해서 접근하면, 그전에는 두려워서 피하고 화를 냈던 사람도 결국 웃으며 찾아오게 되어 있다. 관계에 의해 만들어진 상처는 관계로 치유된다. 상처 받은 피해자가 아니라, 상처가 있었음에도 불구하고 따뜻하게 다가가는 위로자로 거듭나 보는 것은 어떨까. 그 자신이 정신병원에 갇히는 등 많은 상처를 가진 사람이었으면서도 첫 번째 가정교사로 들어간 헬렌 켈러의 집에서 진정한 스승이 된 앤 설리번처럼.

친밀함이란?

사람들은 가급적이면 서먹서먹한 관계보다는 친밀한 관계를 원한다. 그렇다면 친밀함이란 무엇일까? 친밀함은 무조건 사이가 가까운 것이 아니다. 친밀함은 지속적으로 서로 교류할 수 있는 상태에 더 가깝다. 심리학자인 해리엇 러너(Harriet Lerner)는 저서 『친밀한 가족 관계의 회복(The Dance of Intimacy)』에서 친밀함을 다음과 같이 정의했다.

"친밀함이란 대인관계에서 '우리가 우리 되는 것'임과 동시에 타인도 역시 같은 입장에 있게 할 수 있는 것이다."

사람들이 흔히 말하는 '서로가 하나 되는 느낌'은 친밀함보다는 '강렬함'에 해당한다. 진정한 친밀함은 '나'와 '상대방'이 서로의 고유성을 잃지 않으면서도 지속적으로 '우리'에 대해서 생각할 수 있는 상태이다. 괴테가 실러의 단점까지도 그의 고유한 미덕처럼 생각하면서 굳이 고치려 하지 않았던 것도 고유성의 인정을 바탕으로 한 진정한 친밀함에 대한 이해가 있었기 때문이다. 반면에 이런 진정한 친밀함에 대한 이해 없다보니 현대인들은 각종 모임이나 단합대회 같은 충성서약에 가까운 의식을 통해 무조건 공통적인 것을 추구하고자 자신의 고유성까지 희생하는 부담을 느끼는 것이다. 그러다 결국 너무 스트레스가 쌓이면 친밀해지기 위해 노력했던 관계까지 포기해서 가까이 갔던 만큼 서로에게 더 깊은 상처를 남기게 된다. 이는 불가피한 일이 아니다. 만약 처음에 서로 침범하지 못할 한계가 있음을 이해하고 있었다면 들어가지 않았을 영역이고 입지 않았을 상처다. '우리', '나', '너'로서 할 것과 하지 않을 것이 분명하지 않으면 관계는 결국 혼란스러워지고 손상을 입을 뿐이다.

잊지 말아야 할 것은 '나'를 희생하여 '우리'라는 관계를 이루거나, 다른 사람을 희생하여 '나'가 확장된 '우리'를 보강해서는 안 된다는 점이다. '우리' 속에서 '나'와 '너'를 충분히 확인할 수 있는 관계를 만들어야 장기적으로 행복할 수 있다. 정신분석가인 이무석 박사의 저서 『나를 행복하게 하는 친밀함』에는 사람들이 서로 친밀함을 경험하는 데 필요한 세 가지 기본 요소가 소개되어 있다. 첫 번째로 서로 통하는 느낌(connect)이 있어야 하고, 두 번째로는 서로 아끼는 마음으로 심리적으로나 신체적으로 배려(care)해야 하고, 마지막으로 서로 좋은 것을 주고받는 나눔(share)을 실천해야 한다. 이처럼 친밀감을 형성하기 위해서는 대등한 주체로서 교류할 수 있는 토대부터 확보해야 한다. 일단 자신이 누구인지 알고 있어야 하고, 타인이 누구인지도 알고 있어야 한다. 이 둘은 전혀 분리되어 있지 않다. 프랑스 철학자 에마뉘엘 레비나스(Emmanuel Levinas)는 주체성을 나만을 내세우는 것이 아니라 '타인을 받아들임(l'hospitalite)'으로 정의한다. 레비나스는 인간의 삶은 자신의 고유한 세계를 가지면서도 이 세계는 타인과의 관계를 통해 이루어짐을 강조했다. 괴테도 타인을 받아들이는 관계에 관련된 이야기를 『친화력』에 써 놓았다.

"우리는 다재다능한 사람을 만나도 아무런 교류를 하지 못하고, 학자를 만나도 사물의 이치를 배우지 못한다. 인격이 성숙한 사람을 만나도 향상되는 부분이 없고 자상한 사람을 만나도 친절함을 익히지 못한 채 그대로 헤어져 돌아온다."

너무 가깝고 지나치게 강렬하면 모든 결정권을 상대방에 넘겨 자기 주체성을 잃어버린다. SNS를 통해 친구의 친구의 친구로 타고 들어가 사실상 누군지도 모르는 이와 댓글을 주고받는 것으로는 아무런 교류도 할 수 없다. 적당한 거리를 두고 지속적으로 '나'는 나로서, 상대방은 그 자신으로서 서로 성장할

여지를 두며 관계를 만들어나가야 한다. 그렇지 않으면 상대를 만날 때마다 극단적으로 삶이 출렁거리는 불안정한 삶을 살 수밖에 없다.

정원에 씨앗을 너무 촘촘히 뿌리면 조금만 커도 서로의 성장에 방해가 되고, 너무 멀리 뿌리면 비바람이 몰아칠 때 힘없이 뽑히듯이 관계의 씨앗을 적당한 거리에 뿌리는 것이 관건이다. 적당한 거리를 단번에 알 수는 없다. 또한 상대에 따라 그 거리가 달라지게 마련이니 시행착오로 알 수밖에 없다. 처음에 너무 가깝다 싶으면 좀 거리를 두고, 너무 멀다 싶으면 다가가야 한다. 적당한 거리에 한 번 씨앗을 뿌렸다고 끝난 것이 아니다. 씨앗은 자란다. 성장의 방향이 서로만 바라보는 안쪽이라면 자랄수록 답답해질 것이다. 더 넓은 세계를 향하도록 노력해야 한다. 이것은 괴테가 『친화력』을 통해, 아니 인생 전체를 통해 보여준 관계 형성의 지름길이자 자아정체성의 올바른 형성 방법이기도 하다.

『친화력』

Die Wahlverwandtschaften

소설 『친화력』은 이렇게 시작한다.

"에두아르트, 한창 나이의 어느 부유한 남작을 이렇게 부르자."

에두아르트는 이 소설의 남자 주인공으로서 자신이 다스리는 영지를 가진 남작이다. 과거 연인이었던 에두아르트와 샤를로테는 각각 다른 사람과 결혼했다가 둘 다 사별한 뒤 재혼한다. 그들은 전형적인 상류층의 삶을 살지만 이들의 결혼은 행복하지만은 않다. 옛 애정이 되돌아오지 않기 때문이다. 이 와중에 에두아르트는 그의 친구였던 대위를 집으로 데려오자고 제안하고, 샤를로테는 조카이자 양녀인 오틸리에를 데려오기로 해서 모두 같은 성에서 살게 된다. 그러다 에두아르트는 아내의 조카인 오틸리에를 사랑하게 된다. 그는 윤리적으로 용납될 수 없는 사랑임을 알았지만 어쩔 수 없었다. 독서, 산책, 피아노 합주 등의 시간을 함께하면서 두 사람은 점점 가까워진다. 심지어 두 사람의 필체까지 구별할 수 없을 정도가 된다. 그것을 통해 오틸리에도 자신을 사랑하고 있음을 확인한 에두아르트는 기뻐한다. 한편 샤를로테와 대위도 서로 사랑을 느낀다. 그러나 샤를로테는 결혼의 맹세를 떠올리며 대위와의 관계를 멈추려고 한다. 상심한 대위는 성을 떠나고 샤를로테는 마음을 다잡는다. 이에 오틸리에도 에두아르트를 떠나려 한다. 오틸리에가 그런 마음의 고통을 지도록 놔둘 수 없었던 에두아르트는 자진해서 전쟁터로 나갈 결심을 한다.

그러다 샤를로테가 에두아르트의 아이를 갖게 되는데, 사정은 이랬다. 어느 날 에두아르트는 오틸리에의 방에 가고 싶은 욕망에 휩싸인다. 그런데 착오로 인해 샤를로테의 방문을 두드리고 만다. 마침 샤를로테는 대위를 생각하며 울고 있었다. 노크 소리에 반가워 문을 열었지만 대위가 아닌 남편이었음에 실망한다. 희미한 불빛 속에서 에두아르트는 오틸리에를, 샤를로테는 대위를 생각하며 서로 몸을 섞는다. 그리고 샤를로테는 임신을 한다.

샤를로테는 에두아르트가 떠나기 전 마지막 잠자리에서 아이를 낳고 그 아이는 오틸리에가 돌보게 된다. 시간이 흘러 아직도 오틸리에를 잊지 못하는 에두아르트는 몰래 집 주위를 서성이다 아이와 함께 있는 오틸리에를 발견한다. 예기치 않았던 만남은 더욱 절절한 감정을 느끼게 했다. 짧은 만남 이후 샤를로테에게 들키지 않기 위해 서두르다가 오틸리에는 그만 아이를 강에 빠트리고 만다. 이를 신의 계시라고 생각한 오틸리에는 죄책감에 에두아르트를 떠나려 한다. 그런데 그것은 단순한 이별이 아니었다. 오틸리에는 아무 말 없이 에두아르트와 샤를로테가 손을 잡게 하고 자기 방으로 가서 음식을 강요하지 말아달라는 편지를 집안의 사람들에게 전한다. 그러자 에두아르트는 이렇게 말한다.

"그녀는 나에게서 떠난 것이 아니라 나를 초월했다."

오틸리에는 단식 끝에 죽음을 맞이한다. 죽기 직전 오틸리에가 마지막으로 한 말은 "살아 있겠다고 약속해줘요"였다. 하지만 오틸리에의 죽음에 충격받은 에두아르트는 오틸리에를 따라 죽는다. 현세에서의 사랑은 끝났지만 최선을 다해 사랑을 완성하려는 것처럼. 소설은 다음과 같은 묘사로 끝이 난다.

"그리하여 연인들은 나란히 잠들었다. 평화가 그들의 안식처 위에 감돌고 있으며, 즐겁고 낯익은 천사들이 둥근 천장에서 그들을 내려다보고 있다. 만약 그들이 언젠가 함께 잠에서 깨어난다면 얼마나 정겨운 광경이 될까!"

줄거리를 보면 엇갈린 운명이 만드는 비극적인 사랑 이야기인 듯하다. 그런데 왜 친화력의 이야기가 자연과학적이라는 것일까? 친화력이라는 말 자체가 화학적 개념이다. 두 종류의 화합물이 따로따로 떨어져 있을 때에는 어떠한 변화도 일어나지 않는다. 하지만 어느 하나가 다론 하나에 접근하여 상호작용하기 시작하면 상황이 달라진다. 원래의 화합물을 분해하여 새로운 화합물을 만들 수도 있다. 이것은 원소 간에 작용하는 친화력 때문이다.

괴테는 자연계를 지배하는 이 법칙이 인간과 인간 사이의 관계에서도 작용한다고 보고 그것을 구현하는 이야기를 만든 것이다. 에두아르트와 샤를로테가 결합해서 만든 결혼생활은 새로운 요소, 즉 다른 짝인 오틸리에와 대위를 만나면서 극단적으로 파괴된다. 새로운 친화력이 기존의 상태를 변화시킨 것이다.

5장

우리의 삶은 여행이다

그림자 연극의 선물

36살의 나는 입버릇처럼 말했다.

"마흔이 되기 전에 꼭 성공해야지."

성공하기 위해 일도 많이 했다. 덕분에 승진도 하고 연봉도 높아졌으며, 사업기획자로서 다양한 프로젝트에 참여하거나 컨설팅을 하면서 아는 사람도 많아졌다. 내가 꿈꾸던 상황에 다가가는 것처럼 보였지만 이상하게도 전혀 행복하지 않았다. 그러다 대기업을 그만두고 정부 관련 기관으로 이직하게 되었다. 중간에 휴식을 겸해 가족과 함께 마닐라와 싱가포르와 발리로 보름 정도의 여행을 떠났다. 대학생 때 유럽을 돌아다니던 것처럼, 혹은 성공을 위해 일에 달려들 때처럼 여행 일정을 빈틈없이 짰다. 그런데 동남아시아의 변덕스러운 날씨에 빽빽한 일정을 소화하다 보니 당시 7살이던 둘째 딸이 그만 탈이 나고 말았다. 약을 먹어도 아이의 상태는 나아지지 않았다. 정확히 말하면 약을 먹이고 몇 시간 반짝 좋아지면 '언제 또 여기를 오겠느냐'며 아이를 끌고 나갔으니 나을 리가 만무했다.

그러다 발리의 우붓 지역에 있는 그림자 인형극 극장에 가게 되었다. 현지인을 위한 공연은 매일 하지만 관광객을 위한 영어 공연은 일주일에 하루뿐이었다. 그날도 종일 네 곳을 관광한 다음 극장을 찾았다. 이번 주 공연을 놓치면 영영 못 보고 한국으로 돌아가야 한다고 말하자 가족은 불만이 있어도 반대하지 못하고 내 결정을 따랐다. 길 한 켠에 자리한 극장에는 조개구이집에 더 어울릴 것 같은 플라스틱 의자가 놓여 있었다. 관람객은 유럽인 5명과 우리 가족 4명, 그리고 다른 아시아인 몇 명이 전부였다. 캄캄한 거리에 하얀 천막이 설치되고, 그 안에 횃불을 피웠다. 거기에 인형을 놓고 천막에 비친 그림자로 극을 진행하는 '와양(Wayang)'이라는 그림자 연극이었다.

영어로 하는 연극이라고 해도 내용을 통 이해할 수 없어 곧 지루해졌다. 처음에는 그림자 인형의 움직임이 신기했지만 힌두교 신들이나 신화 내용이 낯선 데다가 연극을 하는 장인의 영어 발음이 차라리 중국어에 더 가까웠기 때문에 관람은 여간 고역이 아니었다. 둘째 딸은 평상 같은 나무의자를 찾아 누웠고, 다른 관광객들의 눈치만 아니라면 나도 벌렁 눕고 싶었다.

휴식시간이 되자 유럽 관광객 일행은 미련 없이 나갔다. 천막 뒤로 젊은이 2명과 노인 1명이 나왔다. 노인은 우리를 쳐다보았다. 아니 정확히 말하자면 누워 있던 둘째를 보았다. 그는 내게 어디에서 왔는지를 물었다. 내가 한국에서 왔다고 대답하자, 이곳에 한국 관광객은 잘 오지 않는다며 우리를 신기하게 보았다. 그는 둘째 딸에게 다가가 쇼가 재미있었느냐고 영어로 물었다. 영어가 아니라 한국어로 물었더라도 기운 없이 축 처져 있던 아이는 대답할 수 없었을 것이다. 그는 아이를 가리키면서 어디 아프냐고 물었다. 내가 그렇다고 대답하자 그는 빨리 가서 아이를 쉬게 하지 왜 이것을 보러 왔느냐고 물었다. 나는 이 연극의 문화적 가치를 잘 알고 있으며, 내가 지금은 사업기획자로 일하고 있지만 언젠가 글을 쓰겠다는 의지를 갖고 있다고 대답했다. 아이들도 그림 그리는 일을 꿈꾸고 있으니 몸이 조금 아프다고 해서 좋은 체험 기회를 놓칠 수는 없다고 장황하게 설명했다. 원래 거짓말을 섞으면 말이 길어지는 법이다. 사실 나도 아이들도 언젠가 예술을 하겠다는 막연한 꿈만 꾸었을 뿐 평소에는 아무런 노력도 하지 않고 있었다.

노인은 고개를 끄덕이고는 다른 아시아인에게 당신도 한국인이냐고 물었다. 그는 펄쩍 뛰었다.

"아이 앰 재패니즈!"

일본인이라는 목소리에서 우월감이 잔뜩 묻어 나왔다. 마치 동남아 노동자 앞에서 한국인임을 밝히는 사람들처럼. 아니, 언젠가는 당신처럼 예술가가 되고 싶다고 말하며 평범한 관광객이 아닌 체한 나처럼.

노인은 우리를 빙 둘러보고 나서 다시 천막 안으로 들어갔다. 그림자 연극은 30분 더 이어졌고, 나는 갖가지 상상력을 동원해 억지로 재미를 찾으려고 애썼다.

연극이 끝난 다음 노인은 인형을 들고 나왔다. 관객들에게 보여주려고 그러나 싶었는데 노인은 그 인형을 누워 있던 둘째 딸에게 건넸다. 영어는 여전히 서툴렀지만 당당함 속에서 그의 마음을 충분히 알 수 있었다.

"오늘 너는 내 연극을 제대로 즐기지 못했구나. 나는 내 재주를 자랑하려고 이 연극을 하는 것이 아니라 전 세계 사람들과 더 가까워지고 싶은 마음으로 하는 거야. 오늘 너와 별로 가까워지지 못했으니 대신 이 인형을 가져가거라. 그리고 언젠가 이 연극과 나를 떠올려주기를 바란다."

버팔로 뿔과 색색의 가죽으로 만든 예쁜 인형이었다. 그림자 연극에 사용하는 인형인데도 색이 무척 화려했다. 세심한 그의 마음처럼. 그것은 딸에게 준 선물이었지만 나에게 더 큰 의미로 다가왔다. 작가가 되고 싶다고 했지만 사실은 낭만적인 사람으로 스스로를 포장하고 싶었던 나는 소박하지만 예술에 대한 고집을 간직한 장인의 모습에 뒤통수를 얻어맞은 기분이었다. 교육의 목표가 양적인 확대가 아니라 질적인 변화라면, 그날 나는 내면을 변화시키는 진정한 교육을 체험했다.

나는 말로만 진정한 예술가를 운운했지 사실은 상업적으로 성공한 베스트셀러 작가가 되고 싶었다. 그렇게 자신의 미래를 이상화하면서도 현실에서는 아무것도 하지 않고 있었다. 그런 나에게 발리의 인형극 장인은 친구가 되려는 넓은 마음으로 따뜻함을 건네었다.

연극을 본 뒤로 나의 여행은 친구를 찾는 여행으로 바뀌었다. 팁을 좀 집어주고 서비스를 누리는 것이 아니라, 현지에서 친구를 사귀고 그가 소개해주는 동네를 돌아보는 식으로 말이다. 세부에서는 그곳에서 만난 친구의 소개로 코코넛 맥주를 만드는 양조장과 권총을 만드는 허름한 공장을 구경할 수 있었다. 수밀론 섬에서 감기에 걸렸을 때는 그곳 직원들이 키우던 유기농 과일로 만들어준 뜨거운 주스를 마시고 낫기도 했다. 스위스 로잔에서는 청년 시절에 경주를 방문한 경험이 있는 노인의 집에서 컵라면을 먹으며 이야기를 나누기도 했다.

여행을 준비할 때면 현지에서 만날 친구들을 위해 미리 선물을 준비했다. 그 선물을 줄 때마다 "새 친구들을 위해 준비한 선물을 당신에게 준다"고 말해주었다. 그러면 발리 장인의 인형을 받아들었던 내 딸처럼, 아니 나처럼 그들의 얼굴 표정이 달라졌다.

이렇게 여행의 목적을 바꾸니 현지에서 만나는 사람들이 달라졌고 방문하는 장소가 달라졌으며, 여행 경험을 통해 얻는 성장의 크기도 달라졌다. 그 힘의 원리를 안 것은 나중에 괴테의 『이탈리아 기행(Italienische Reise)』을 읽은 이후였다. 만약에 30대 중반에 『이탈리아 기행』을 정독하고 여행을 다녔다면 중년 이전의 방황이 훨씬 덜했을지 모른다.

우리는 인생과 세상을 제법 알고 있다고 생각할 때 심리적 위기에 처한다. '난 이렇게 살 거야'라며 포부도 당당하게 도전하고 거기에서 나름 성과도 얻었지만, 자신이 꿈꿨던 것처럼 행복하지 않을 때 그 위기는 커진다. '아, 이렇게 살면 안 되지만 이렇게 살 수밖에 없겠구나' 싶을 때는 더 우울해진다. 이때 인생을 리셋하는 심정으로 과감하게 이직하거나 훌쩍 여행을 떠나기도 한다. 하지만 환경을 바꾼다고 해서 변하는 것은 많지 않다. 왜냐하면 가장 큰 문제의 핵심인 자기 자신이 변하지 않았으니까.

서른 중반에는 어떻게 해야 자기를 혁신할 수 있을까? 삶에 지칠 대로 지친 중년들도 진정한 행복을 찾을 수 있을까? 청춘보다 더 야망을 가져야만 할까? 아니면 청춘보다 더 열심히 앞만 보고 달려야 할까? 나는 이런 고민들이 찾아올 때마다 빨리 여행을 갔다. 그리고 시간이 한참 지난 뒤에야 그 여행의 의미를 제대로 알게 되었다. 역시나 준비 없이 출발했지만 여행 도중에 그 의미를 깨달았다. 여행을 통해 괴테는 완전히 다른 자기로 변신했고, 나는 조금 더 성장하는 정도로 만족했다. 이후 나는 눈앞의 문제를 해결하려 안간힘을 쓰다가 우울증에 걸려 결국 직장을 그만둬야 했다. 하지만 괴테는 우리가 익히 아는 대로 위대한 인간으로 성장했다.

나는 인생의 곡절을 겪으며 『이탈리아 기행』을 다시 읽었다. 그리고 인생의 방향을 '마흔 전에 성공해야지'에서 '마흔 이후에도 성장해서 행복해야지'로 바꿀 수 있었다. 『이탈리아 기행』을 뒤늦게 읽은 나도 이렇게 달라졌는데, 미리 읽고 준비하는 사람은 어떤 변화를 맞게 될까?

괴테가 이탈리아에서 발견한 것

괴테는 평생 자기계발을 멈추지 않았다. 1774년『젊은 베르터의 고통』으로 이름을 전 유럽에 알린 다음에도 말이다. 그의 책은 출간 즉시 프랑스어, 영어, 이탈리아어로 번역되었다. 야심 많은 군인 나폴레옹까지 여러 번 읽었을 정도로 그 인기는 폭발적이었다. 괴테는 성공에 안주하지 않고 곧『파우스트』를 쓰기 시작했다. 그리고 3년 후에는『빌헬름 마이스터의 수업시대』를 내놓았을 정도로 글에 대한 열정을 불태웠다. 그러나 그게 전부가 아니었다.

괴테의 명성이 높아지자 바이마르의 카를 아우구스트 대공이 괴테를 초청했다. 26살의 청년 괴테는 바이마르가 평생의 생활 근거지가 되리라고는 예상하지 못한 채 그곳으로 걸음을 옮겼다. 당시 바이마르는 수도의 인구가 6천 명이었고 전체 인구 10만 명 정도인 국경도 불확실한 조그만 국가였다. 괴테는 그곳에 약 10년 동안 머물며 행정가로 일했다. 괴테가 받은 연봉은 현재 가치로 3억 원에서 4억 원 정도였지만, 상속받을 재산이 많았던 그가 돈 때문에 일을 시작한 것은 아니었다. 바이마르공국은 작은 나라였지만 수준 높은 정신문화를 간직하고 있었다. 괴테는 바로 그 점에 끌렸다. 자신이 만든 허구의 인물 베르터처럼 머릿속에서만 이상을 추구하는 것이 아니라, 행동을 통해 이상을 현실에 구현하려 했던 괴테에게 바이마르는 새로운 기회의 땅이었다. 프랑크푸르트에서는 변호사로 일했지만 그마저 제대로 못했음을 생각하면 커다란 변화가 아닐 수 없다. 괴테는 바이마르에서 대공의 자문관이 되어 광산, 도로 건설, 조세 정책, 궁정극장 관리 등 다양한 분야에서 남다른 업적을 쌓으며 대신의 자리까지 올라갔다. 그리고 1782년 귀족이 되었다. 부모의 신분을 물려받은 것이 아니라 순전히 자신의 능력으로 말이다.

행정뿐만 아니라 문학에도 힘을 쏟은 괴테는 지적 도전의 범위를 해부학, 지질학, 광물학, 식물학으로 확대했다. 1784년에는 동물에게만 있고 인간에게는 없는 것으로 알려졌던 간악골(間顎骨)을 발견하기도 했다. 그런데 1786년 37살 생일을 맞은 괴테는 현실과 이상의 한계를 느끼고 갑자기 이탈리아로 떠난다. 다시 일탈의 병이 도진 것일까? 약 1년 9개월간 지속된 이 여행을 통해 그는 전혀 다른 사람이 되어 돌아온다. 괴테는 이제 행정관이 아니라 영주의 후원을 받으며 자유롭게 활동하는 예술가가 되었다.

1776년 여행하는 기분으로 바이마르에 온 청년 괴테는 이후 카를 아우구스트 공의 신임을 얻으면서 인생의 전환점을 돌왔다. 괴테는 예술적인 면뿐만 아니라 과학, 행정, 사상 등 다양한 측면에서 삶과 사회를 종합적으로 이해하기 위해 최선을 다한다. 또한 예전과는 다른 여성을 만나게 된다. 그중에서도 그에게 큰 영향을 끼친 여성은 궁정관리의 부인인 샤를로테 폰 슈타인이다. 슈타인 부인은 괴테의 감성이나 열정만 자극하는 게 아니라, 지성을 자극하며 생활 전반에 영향을 미쳤다.

괴테는 37세 생일을 앞두고 자신의 삶을 돌아보았다. 숨 가쁘게 방황하며 성장해온 인생. 성공한 행정가로 시민들의 존경을 한 몸에 받는 인간. 누구나 만족할 만한 삶이다. 하지만 괴테는 예술적 상상력이 무뎌져가는 자신을 발견했다. 그 순간 바이마르가 역량을 맘껏 펼칠 수 있는 자유로운 '광장'이 아니라, 상상력을 묶어두는 '감옥'같이 느껴졌다. 사랑하는 여인 슈타인 부인도 위로가 되지 못했다. 그 어떤 것도 지친 자신을 채우기에는 부족했다. 그래서 생일을 축하해주기 위해 모인 친구들 곁을 슬며시 빠져나와 마차에 몸을 싣고 훌쩍 이탈리아로 떠난 것이다.

그런데 왜 하필 이탈리아였을까? 그곳은 괴테가 어릴 적부터 동경해온 땅이었다. 괴테의 아버지는 종종 어린 괴테에게 그가 태어나기도 전에 다녀온 이탈리아 여행에 대해 들려주곤 했다. 거실에는 로마의 전경도가 걸려 있었고, 아버지는 이탈리아 지도를 가리키며 자신의 여정을 세세하게 들려주었다. 괴테는 아버지가 진열해놓은 베네치아의 곤돌라 모형을 바라보며 자신이 이탈리아에 있다는 상상에 빠지곤 했다. 아버지는 괴테가 20대 중반에 질풍노도의 감정에 휩싸여 있을 때도 이탈리아 여행을 권할 정도였다. 그러나 괴테는 이탈리아가 아닌 바이마르로 떠났고, 그곳으로 생활 터전을 옮겼다.

10년 만에 바이마르를 떠난 괴테는 이탈리아 문화와 행정, 역사의 중심인 로마로 향했다. 베로나, 파도바, 베네치아 등이 첫 번째 경유지였다. 그곳을 거치며 괴테는 자신의 일상을 옥죄고 있던 행정가의 옷을 벗어던지고 예술적 열정에 불을 당겼다. 미켈란젤로의 발자취가 남아 있는 피렌체, 페루자를 거쳐 1786년 10월 29일 마침내 로마에 도착한다. 괴테는 그때의 감정을 이렇게 적었다.

"정말이지 지난 몇 년 동안 마치 병이 든 것 같았고, 그것을 고칠 수 있는 길은 오로지 이곳을 내 눈으로 직접 바라보며 지내는 것뿐이었다. 고백하지만, 그때는 정말 라틴어 책 한 권, 이탈리아 지방의 그림 한 점조차 바라볼 수 없었다."

괴테는 이탈리아 여행이 끝나고 바이마르에 돌아가기 전 아우구스트 공에게 행정가 일은 그만해도 좋다는 약조를 받았다. 로마에서 자유를 느낀 그는 다시 억압받고 싶지 않았다.

그는 자신이 로마에 도착한 날을 '제2의 탄생일' 혹은 '진정한 삶을 다시 시작한 날'이라고 표현할 정도였다.

로마에 3개월간 체류하며 심신의 안정을 회복한 괴테는 가벼운 마음으로 마지막 여정으로 생각했던 나폴리를 찾았다. 그곳에서 아름다운 성과 도시 곳곳을 스케치하다가 첩자로 몰리기도 했지만 괴테는 사람들에게 자신의 눈에 들어온 나폴리의 아름다움을 이야기하며 그림을 그릴 수밖에 없었던 이유를 설명했다. 나폴리 사람들은 괴테의 손짓과 말을 통해 도시의 가치를 깨닫게 된다. 그 과정에서 괴테는 자신에게 사람들의 감성과 이성을 깨우칠 수 있는 재능과 그런 깨우침을 줘야 하는 책임이 있다고 느꼈다. 이 일을 계기로 나폴리 성주는 괴테를 극진하게 대접했고, 그는 나폴리를 천천히 돌아보며 그 지방의 아름다움에 매료된다. 그리고 이탈리아의 다른 지방도 돌아볼 마음을 먹는다.

괴테는 시칠리아 섬까지 내려갔다가 다시 나폴리를 거쳐서 로마로 되돌아왔다. 그리고 거의 1년 동안 로마에서 머물며 유명인 괴테가 아니라 익명의 독일인으로서, 아니 유럽인의 하나로서 자유를 만끽하며 지낸다. 바이마르에서는 자신을 알아보는 사람들 때문에 행동을 제약받았던 그에게 로마는 그야말로 자유로운 광장이었다. 괴테는 그 광장을 질주하기도 하고,

평온하게 산책하기도 하고, 가만히 앉아 사색에 잠기기도 하면서 이성과 감성을 다른 차원으로 끌어올렸다. 괴테는 예술적 감각과 지식을 고양하고, 그림을 배우기 위해 미술가들과 교류하기 시작했다. 반면 문학가나 정치가는 만나지 않았다. 괴테에게 로마는 '자유로운 광장'이자, 인간과 사회와 예술을 탐독할 수 있는 '위대한 학교'였다.

자연을 작품 속 주인공들을 통해 세세하게 묘사할 정도로 괴테는 세상을 있는 그대로 이해하려 노력했다. 인간이 개별적 존재이면서 공동체적 존재라는 점이 눈에 들어왔다. 그리고 본질적인 것을 탐독하기 시작했다. 괴테는 '10년마다 변해가는 로마'가 아니라 '영원히 존속하는 로마'를 찾았다. 그리고 보편적인 법칙, 보편적인 가치, 보편적인 특성 등을 고민했다. 그런 그에게 예술이나 과학, 자연, 사회, 개인은 개별적이거나 변하는 것이 아니었다. 예술은 자연의 반영이 아니라 자연 그 자체였다. 인간 역시 자연을 개척하는 주체나 자연에 휩쓸리는 객체가 아니라 자연 그 자체였고, 과학에서의 법칙은 인간의 개인적 삶과 사회적 변화에 모두 적용될 수 있는 보편성을 갖고 있었다. 괴테는 오랜 세월을 버틴 유적지를 돌아다니며 이런 사실을 깨달았다. 특히 괴테는 예술작품의 창작 의도가 글로 전해지는 것도 아니고, 미술가가 후손의 감상을 고려해서 만들지 않았음에도 보편적으로 전달되는 의미에 주목했다. 괴테는 미술을 통해 예술과 사회를 종합적으로 분석하며 자신을 성장시켰다. 그는 8월에 쓴 편지에서 다음과 같이 말했다.

"미술에 대한 지식을 쌓지 않거나 훈련을 하지 않으며 보내는 날이 하루도 없습니다. 뚜껑 없는 병을 물속에 처박으면 쉽게 물이 차오르듯이, 로마에서는 마음의 준비가 된 사람이라면 누구나 쉽게 내면을 충족시킬 수 있습니다. 사방팔방에서 예술적인 것들이 밀려오기 때문이지요."

괴테는 주변의 사소한 것까지도 예술작품을 보듯이 예리하게 관찰했다. 길거리에 나뒹구는 돌멩이, 마차가 일으키는 먼지, 풀벌레 소리, 구름의 모양, 햇살의 강약 등등. 모든 것이 그의 상상력을 자극했다. 그 결과 괴테는 젊은 시절 쓰다 만 『파우스트』 원고를 15년 만에 다시 손보기 시작했으며, 시를 썼고, 희곡을 썼고, 여러 책들을 구상했다. 그리고 자신을 변화시킨 모든 것을 기록한 일기, 편지 등을 모아 1816년부터 1829년까지 책으로 출간했다. 제1부가 흔히 그의 자서전으로 알려진 『시와 진실』이고, 제3부가 바로 『이탈리아 기행』이다. 『이탈리아 기행』은 여행 안내서가 아니다. 『시와 진실』과 마찬가지로 자신의 삶을 돌아보며 자기완성의 과정을 보여주고자 쓴 책이다.

이탈리아 여행을 통해 괴테는 얼마나 다른 인간이 되었을까? 예술적으로는 고딕양식의 우매함에 눈을 떴다. 그는 베로나에서는 줄리엣의 무덤보다는 박물관에 있는 그리스 묘석을, 베네치아의 산마르코성당이나 총독의 궁전보다는 팔라디오가 지은 교회들을 찬양하며 고전주의로 전향했다. 괴테는 그리스의 고전양식에서 초시간적인 인간의 원형을 발견했다. 그리고 또 다른 보편적인 개념들을 찾기 위해 세상을 세심하게 관찰했다. 예술관의 변화는 문학 작품에도 고스란히 반영됐다. 괴테는 여러 문제들을 혼합해서 본 것을 그대로 자유롭게 썼다. 그래서 작품은 더욱 난해해졌지만 사물의 본질을 관통하는 예술성은 훨씬 높아졌다.

예술적 능력의 진전에도 불구하고 괴테는 화가가 되지는 않았다. 미술 지식을 쌓기 위해 의도적으로 로마에서 미술가와 교류한 사실을 떠올린다면 의외가 아닐 수 없다. 괴테는 그림을 통해서는 자신의 심오한 감정을 자유롭게 표현할 수 없음을 깨달았다. 그래서 문학과 과학에 더 매진했다.

한때의 성숙에 안주하지 마라

1790년 괴테는 두 번째로 이탈리아를 여행한다. 그러나 이 여행은 괴테에게 실망을 안겼다. 당시 유럽은 1789년의 프랑스혁명 이후 불안감이 커지고 있었다. 괴테는『빌헬름 마이스터의 수업시대』에서 보여준 것처럼 일시적 혁명보다는 지속적인 노력에 의해 성숙한 개인들이 사회를 바꾸기를 꿈꿨다. 인위적인 혁명은 오히려 개인과 사회에 부정적인 영향을 미칠 것이라고 우려했다.

괴테는 '방황하는 교육'에 의한 개인과 사회의 성장을 이야기하는 데 공을 들였다. 그 결과물이 1829년 나온『빌헬름 마이스터의 편력시대』이다.『빌헬름 마이스터의 수업시대』의 속편에 해당하는 이 책에는 독자의 이해를 위해 아예 '체념자들(die Entsagenden)'이라는 부제가 달렸다.『빌헬름 마이스터의 수업시대』의 마지막 부분에서 빌헬름은 체념을 통해 행복에 다가설 수 있었다. 그 체념을 새로운 소설의 제목으로 전면에 내세울 정도로 괴테는 방황뿐만 아니라 체념에 의한 성숙을 강조하고 싶었던 것이다.

괴테가 말하는 체념은 열정의 포기가 아니다. 체념을 통해 성숙해지는 삶을 이해하려면『빌헬름 마이스터의 편력시대』를 살펴보아야 한다. 그러나 이 책을 읽는 것은 쉽지 않다. 이탈리아 기행을 통해 자유를 만끽한 괴테가 그 어떤 형식에도 구애받지 않고 소설을 썼기 때문이다. 덕분에 이 책은 연결된 줄거리조차 없이 서로 다른 시간과 공간의 동화, 일기, 신화, 그림, 격언들이 얽혀 있는 글 덩어리가 되었다. 이 덩어리를 분석하기란 애초에 불가능하다.

이상하지 않은가? 치밀하게 이야기를 구성하고 자연과학적 개념도 녹여낼 줄 아는 작가가 마구 쓴 것 같은 책을 만년에 내놓다니. 노년의 작가가 쓴 미숙한 소설일까? 아니다. 오히려 노년의 작가가 노련하게 쓴 소설로 봐야 한다. 방황과 체념이 곧 성숙이라고 말하는 작품이 일목요연하면 그것이 어찌 방황이고 체념이겠는가? 결론과 일치하는 과정을 만들어 독자들이 생생하게 느끼며 교훈을 자각하기를 바란 것은 아닐까? 괴테는 자신의 작품과 관련해서 이렇게 말했다.

"이 작품은 인생과도 같다. 거기에는 전체라는 복합체 속에 필연적인 것과 우연적인 것, 계획된 것과 첨가된 것이 때로는 성공적으로, 때로는 실패를 거듭하면서 자리 잡고 있다. 그렇게 함으로써 이성적인 것 또는 오성적인 언어로는 완벽하게 파악할 수도, 포괄할 수도 없는 일종의 무한성을 획득하고 있다."

그림은 심오한 내면을 드러내는 데 한계가 있다며 화가 되기를 포기한 괴테에게 '무한'은 간단한 글로 다룰 수 있는 주제가 아니었다.

소설은 알프스의 어느 바위 그늘에 앉아 있는 빌헬름과 아들 펠릭스로부터 시작한다. 이후 이 소설은 빌헬름과 동료인 레나르도가 주인공으로서 함께 신대륙으로 떠나는 중심 줄거리 사이에 여러 이야기들이 나오는 형태로 전개된다. 하지만 그 이야기의 형태나 내용, 진행방식이 모두 다르다. 제1권 12개 장, 제2권 11개 장, 제3권 18개 장, 도합 41개 장을 다 읽으면 오히려 무슨 내용인지 더욱 헷갈린다. 그러므로 각 장의 내용을 일일이 요약하고 의미를 부여하는 분석이 아니라 작품 전체를 관통하는 느낌을 통해 파악할 수밖에 없다. 혹시 괴테가 노린 것은 이것이 아닐까? 경험에 의한 이성적 판단을 중지하고, 서로 대립하고 뒤섞인 것들 사이에서 의미를 찾는 새로운 경험 말이다.

근대는 이성의 시대다. 괴테는 그 시대의 정점에 서 있었다. 그리고 이성의 꼭대기에서 이성을 통한 발견의 허망함을 알고 이성을 좇으려는 사람들을 멈춰 세울 방법을 고민했다. 그렇게 탄생한 작품이 『빌헬름 마이스터의 편력시대』이다.

괴테는 이성만 남고 감성이 사라진 세계는 현실과 동떨어진 잠언이 난무하고 인간적 교류와 발전의 가능성은 지워진 지옥이 될 것을 알고 있었다. 봉건사회의 억압보다도 더한 허위가 인간성과 사회를 파괴할 것이 뻔했다. 괴테는 정규 교육으로 아이들을 붙잡아놓고 기성세대가 설계한 가치를 머릿속에 욱여넣는 것으로는 개인의 행복과 사회의 평화를 얻을 수 없다고 생각했다. 그는 교실을 박차고 나가 편력, 즉 여행이나 방황을 통해 성장해야 한다고 말하고 싶었다. 순종이 아닌 편력이 개인의 생존, 행복, 성공, 사회의 발전, 이상 실현에 더 맞다는 주장이다.

괴테는 『빌헬름 마이스터의 편력시대』에서 '거인성'에서 '마카리에'의 영역을 거쳐 '교육주'에 오면서 말수가 줄어드는 빌헬름을 세밀하게 묘사한다. 교육주는 이름과 달리 교육 공간이라기보다는 군사학교나 수도원과 닮았다. 그곳에서는 예술도 개인적 창의성을 발현하거나 자극하는 행위가 아니라 그저 집단훈련의 하나에 불과하다. 빌헬름은 현실 앞에서 한숨을 쉴 뿐이다. 무엇보다도 매진했던 연극이 냉대를 받는 현실 앞에서 빌헬름은 무기력하게 시선을 돌린다. 순종은 사람을 성숙시키지 않는다. 한때의 성숙에 머물지 않고 매번 새롭게 도전해야 비로소 성숙할 수 있다. 『빌헬름 마이스터의 편력시대』의 끝부분에서 빌헬름은 자신의 외투 속에 잠들어 있는 펠

릭스를 바라보며 다음과 같이 말한다.

"넌 아름다운 신을 꼭 닮은 인간이다. 너는 끊임없이 이어질 것이다."

그리고 이렇게 외쳤다.

"그리고 곧 안에서, 밖에서 다시 상처를 입을 것이다."

반복되는 갈등과 상처와 도전과 성숙. 이것은 '자아정체성'이라는 용어를 만든 독일 출신의 미국 심리학자 에릭 에릭슨의 이론과 상통한다. 에릭슨은 인생의 각 단계마다 해결해야 하는 과제가 있으며 이 과제를 해결하지 못하면 성장이 정체되거나 퇴보한다고 주장했다.

에릭슨은 성장을 위해서는 매번 확실히 구분되는 선택지를 놓고 심리적 갈등을 겪어야 하며, 그 위기를 해결해야 다음 단계로 성장할 수 있다고 강조했다. 또한 성장은 특정 시기에 멈추는 것이 아니라, 출생에서부터 노년기까지 살아 있는 한 끊임없이 해야 하는 것으로 보았다. 끊임없이 '상처'를 안과 밖에서 받을 것이라던 빌헬름의 말과 일치한다.

자아정체성은 타고나는 것이 아니다. 혹은 보물찾기처럼 감춰진 것을 찾는 것도 아니다. 반복되는 방황과 체념, 도전과 좌절을 통해서 만들어지는 것이다. 그래서 어떤 사람은 피터 팬처럼 평생 아이로 살 수도 있고, 웬디처럼 동생들의 엄마 노릇을 할 정도로 성숙할 수도 있다. 인생에서 나이는 중요하지 않다. 사회적 성취도 중요하지 않다. 중요한 것은 내면의 성숙이다. 괴테도 내면의 성장을 위해 이탈리아로 떠났다.『이탈리아 기행』의 첫 부분에는 다음과 같은 문장이 나온다.

"나는 다시 세상에 관심을 갖고 나의 관찰정신을 시험하고 알아보고 있다. 나의 학문과 지식이 어느 정도인지, 나의 눈이 빛나고 순수하고 밝은지, 얼마나 많을 것을 신속하게 파악할 수 있는지, 마음속에 파고들어 짓눌렸던 주름들이 다시 지워질 수 있는지를 알아보려 한다."

바이마르에서 정신적으로 억압받던 괴테는 여행을 통해 스스로를 보듬을 수 있었다.

"자기 자신에게 몰두하여 생각에 잠기면 젊은 시절의 감흥이 아주 사소한 것들까지 다시 떠오른다. 그러면 대상들의 높은 수준과 품위가 내 궁극적인 존재가 다다를 수 있는 높이와 거리만큼 나를 끌어올린다."

이것이 관조의 힘이다. 그리고 여행은 스스로를 바라볼 수 있게 만드는 위대한 기회다.

나를 둘러싼 모든 것들의 가치

'삶은 여행'이라는 말은 단지 삶이 행복으로 이어진다는 뜻이 아니다. 아무리 열심히 계획하고 준비해도 반드시 우연에 의해 뒤틀릴 수밖에 없다는 의미도 있다. 괴테가 『이탈리아 기행』과 『빌헬름 마이스터의 편력시대』에서 강조한 것은 단순하다.

"우연에 열려 있어라. 그리고 우연이 잘 깃들 수 있도록 여행하는 자세로 살아라."

꼭 이탈리아나 신대륙이나 우주로 가라는 말이 아니다. 프루스트의 말처럼 '진정한 발견은 오랜 항해 끝에 발견한 신천지가 아니라, 매일 보던 것들을 새롭게 볼 줄 아는 것'에 달려 있으니까.

괴테는 『이탈리아 기행』에서 이렇게 말했다.

"누구나 여행 중에는 가능한 한 모든 것을 허겁지겁 얻으려 한다. 매일 무언가 새로운 것이 주어지고, 그것에 대해 생각하고 판단하기에 바쁘다. 여기에 와보니 마치 커다란 학교에 들어온 것처럼 하루 수업이 너무나도 많다"

여행자에게는 타국의 모든 것이 새로운 의미로 다가온다. 베란다에 널어놓은 이불과 옷가지, 어딘가로 바삐 걸어가는 사람들, 오른쪽 사이드미러가 부서졌는데도 고치지 않고 다니는 차들, 길에서 파는 먹거리들. 어디에서나 흔히 볼 수 있는 풍경마저 특별해져 보면 볼수록 뭔가를 배우는 느낌마저 든다. 그러다 문득 다른 나라 사람들이 우리가 사는 곳에 와도 마찬가지일 것이라는 생각으로 이어지면 우리가 사는 곳에서도 '특별함'을 느끼게 된다. 1786년 9월 29일 베네치아에서 괴테는 다음과 같이 썼다.

"나를 둘러싼 모든 것이 가치 있는 것들뿐이다."

그리고 로마에서는 이렇게 말했다.

"나는 어디를 가나 새로운 세상에서 친숙한 것을 발견한다. 내가 기대했던 것처럼 모든 것이 새롭다."

우리는 여행을 통해 새로움 속에서 친숙함을 발견하게 된다. 뒤집어 말하면 친숙함 속에도 새로움이 있다는 의미이다. 어쩌면 성숙을 향한 여행은 일상에 더 충실해지는 것일지도 모른다. 일상에 매몰된 인생을 충실한 삶으로 착각하는 것이 아니라 일상을 꼼꼼하게 관찰하고 다른 방식으로 도전하며 여태까지와는 다른 우연의 요소가 들어올 수 있도록 열어놓는 것이 중요하다. 괴테의 말처럼 우리 주변에는 이미 멋진 것들이 가득하다.

"이곳에선 집 밖으로 나가 조금만 산책을 해도 너무나 값

진 대상들을 만나게 됩니다. 나의 생각과 기억은 무한히 아름다운 대상들로 가득 차 있습니다."

괴테는 도전을 주저하는 사람들에게 이렇게 말한다.

"너는 게으름뱅이였어. 행동하는 대신 꿈을 꾸고 있었지. 감사해야 할 때 아무 말도 안 했지. 여행해야 했는데도 엎드려 누워 있었지."

지금까지 누워 있었다면 무릎을 세우고 일어나자. 그리고 걷자. 조금 다른 각도로, 조금 다른 속도로. 여행은 거기에서 시작되니까.

「이탈리아 기행」
Italienische Reise

괴테가 1786년 9월부터 1788년 6월까지 이탈리아를 여행하면서 친구들에게 보낸 편지, 일기, 메모 등을 엮은 책이다. 그는 10년간 바이마르공국의 행정관으로 일하면서 성공과 명성을 얻었지만 영혼의 구멍이 점차 커져가는 것을 느꼈다. 그러던 중 서른일곱 번째 생일날 아무도 모르게 이탈리아로 여행을 떠난다. 정체성의 혼란 속에서 괴테는 신분을 숨긴 채 자신을 새롭게 발견하거나 만들겠다는 심정으로 여행을 계속했다. 그렇다고 괴테가 가만히 앉아 사색에만 잠겼던 것은 아니었다.

고대 건축물에 감동하고, 베네치아의 아름다움에 빠진 괴테는 계획보다 오래 이탈리아에 머문다. 로마와 나폴리, 시칠리아를 경유한 괴테는 다시 로마로 돌아와 1년을 더 체류했다. 그리고 유능한 행정관, 천재적인 역량을 가진 인재가 아닌 예술가로 다시 태어났다.

다시 시를 짓고, 그림을 그리고, 미완성으로 방치해두었던 원고를 꺼냈다. 『젊은 베르터의 고통』으로 이미 유럽을 흔든 작가였지만, 괴테는 진정한 작가로서의 정체성을 이탈리아 여행 이후에 만들어냈다.

괴테의 말 곳곳에서 새로운 자기를 만드는 여행의 기쁨을 발견할수 있다.

"이제 이곳에 오니 마음이 안정되어 평생 동안 마음의 평온을 얻을것 같다. 부분적으로는 속속들이 알고 있었지만 모든 것을 직접 두 눈으로 보니 새로운 삶이 시작되었다고 해도 될 것 같다."

이 책은 이탈리아의 예술과 역사는 물론 동식물과 현지인에 관해세세히 묘사한 일종의 미시 문화사이기도 하다. 동시에 중년에 접어든 괴테가 어떻게 정신적 위기를 극복하는지도 꼼꼼하게 기록되어 있으니, 인생의 바람 앞에 흔들리고 있는 독자라면 일독을 권한다. 더불어 국내든 해외든 괴테처럼 훌쩍 떠나보기를 권한다. 돌아왔을 때는 괴테가 그랬던 것처럼 같은 장소에서 살더라도 다른 사람이 되어 더 행복한 인생을 살 수 있기를 기원한다.

6장

마지막 순간까지 성장은 계속된다

Johann Wolfgang von Goethe

이대로 살아도 괜찮은 걸까?

　마포구청에서 '인생학교' 강사를 하면서 명예퇴직자나 자식을 다 키운 주부들을 만날 기회가 많았다. 인생의 선배들에게 인생의 원리를 가르치는 일이 부담스러웠지만 나는 용기를 냈다. 그리고 첫 강의 때 이렇게 말했다.

　"제가 하는 말을 철저히 의심하세요. 그리고 저를 가르치겠다는 생각으로 열심히 공격해주세요. 단 제가 여러분의 의심과 공격을 버텨내면 제 말대로 실천해야 합니다."

　객기가 아니었다. 나의 방어 도구는 괴테였다. 나는 평생을 자신을 돌아보고 변화하기를 주저하지 않았던 괴테의 삶을 통해 인생에 대한 답을 어렴풋이 구할 수 있었다. 세상에 쫓기며 나를 잊고 살다가, 때때로 떠오르는 질문이 있다.

"이대로 살아도 괜찮은 걸까?"

"어떻게 하면 좀 더 의미 있는 삶을 살 수 있을까?"

인생학교 수강생들은 이 질문들에 대한 답을 찾지 못한 사람들이다. 그래서 내가 전한 괴테의 답을 듣고 놀랐다. 이미 삶은 정해졌고 변화는 불가능하다고 여기던 그들에게 괴테는 커다란 자극이 됐다. 세상에 지쳐 우울함을 호소하던 그들이 '자원봉사 기획자 과정'으로 옮겨가 새로운 도전을 시작했을 정도다.

괴테가 23세부터 쓰기 시작하여 죽기 직전인 1832년 완성한 『파우스트』는 집필에만 무려 59년이 걸린 그의 생애 최고의 대작이다.

파우스트는 전설 속의 인물로 알려졌지만, 실은 15~16세기의 연금술사 독토르 요한 파우스트를 모델로 했다. 거기에 백성들을 농락한 마법사들의 이야기가 합쳐져 16세기 이후 유럽 전역으로 퍼져나갔다. 이 이야기는 1587년 괴테의 고향인 프랑크푸르트의 한 서점에서 책으로 출간되었으며, 영국에서 만들어진 파우스트 인형극이 독일로 역수입된 예도 있다. 18세기에 태어난 괴테도 인형극과 책을 통해서 파우스트 이야기를 접했다. 다른 전설들을 솜씨 좋게 바꿔왔던 괴테지만 『파우스트』만큼은 그러지 못했다. 20대에 집필을 시작했지만 좀 처럼 내용을 진전시키지 못했다. 파우스트가 부딪힌 고민들은 실제 체험을 통해서만 답을 구할 수 있었기 때문이다.

괴테의 『파우스트』와 전설 사이의 차이를 알면 괴테의 주제의식도 더 쉽게 확인할 수 있다. 전설의 내용은 다음과 같다. 파우스트는 악마가 24년간 욕망을 충족시켜주는 대가로 자신의 영혼을 판다. 그는 악마의 도움으로 세상을 돌며 모든 쾌락을 맛보고, 여인들의 몸과 마음을 얻는 등 욕망을 충족시키지만 만족을 느끼지는 못한다. 욕망의 덧없음을 깨달은 파우스트가 신에게 반성의 기도를 올리는 순간, 악마는 역사상 최고 미녀 헬레나를 불러온다. 헬레나의 아름다움에 도취된 파우스트가 그녀를 끌어안는 순간, 그녀는 복수의 여신으로 변해 파우스트를 지옥으로 끌고 간다. 약속했던 24년이 지난 것이다.

전설과 『파우스트』의 첫 번째 차이는 그레트헨이다. 그레트헨은 파우스트를 사랑하고 버림받고 살인자 누명을 쓰고 죽는 가련한 운명의 희생자로 그려지지만, 마지막 순간에 파우스트를 구원한다. 그녀가 파우스트를 구한 것은 이때가 처음이 아니다. 악마의 마법으로 젊음을 되찾은 파우스트는 그레트헨과 하룻밤을 보내기 위해 그녀의 어머니를 수면제를 먹여

죽게 만들었다. 그럼에도 그레트헨은 파우스트를 진실한 사랑으로 대했고, 파우스트는 그녀의 관능이 아니라 성스러움에 반했다.

둘째로 괴테는 파우스트가 헬레나와 가정을 꾸리는 것으로 이야기를 바꿔, 파우스트가 온갖 쾌락을 다 맛보았음을 강조했다. 이어서 파우스트가 개인적인 쾌락이 아니라 사회와 타인을 위한 삶에서 만족을 구하는 장면을 부각시켰다. 이 변화들을 통해 괴테는 파우스트를 천국으로 인도했다.

오늘날의 대중도 괴테의 작품 속에 녹아 있는 주제의식을 쉽게 이해하고 공감한다. 그러나 괴테는 마지막까지 작품에 대한 확신을 갖지 못했다. 그가 죽기 며칠 전인 1832년 3월 17일 빌헬름 폰 훔볼트(Wilhelm von Humboldt)에게 보낸 편지를 살펴보자.

"세상이 너무나도 사리에 맞지 않고 혼란스러워 나는 이 기묘한 물건에 바친 나의 정직하고 오랜 수고가 제대로 인정받지 못한 채 쓰레기처럼 해변으로 휩쓸려 가 세월의 모래더미에 뒤섞이게 될 것 같은 생각이 든다."

괴테의 걱정은 말 그대로 괜한 걱정으로 끝났다. 사람들은 그가 인생을 바쳐 쓴 『파우스트』를 최고의 작품으로 꼽는다. 단지 소리 내어 읽을 때의 운율까지 고려한 글솜씨 때문이 아니다. 그는 이 작품을 말 그대로 '삶으로, 삶을 위해, 삶에 의해' 완성시켰다. 괴테는 파우스트를 통해 의미 있는 삶, 궁극적으로 최상의 만족에 도달한 삶을 보여준다. 그런 삶을 위해서는 방황과 성숙의 과정을 거쳐야 함을 자신의 삶을 통해 이야기한다.

체념의 의미

제1부 앞부분에 그려진 파우스트 박사는 젊은 시절 괴테의 재현이다. 모든 분야의 지식을 섭렵하며 신과 동등한 수준까지 이성을 추구하는 사람. 근대 교육이 지향하던 인간형에 가깝다. 괴테가 『빌헬름 마이스터의 수업시대』에서 강조한 교육의 가장 완벽한 결과물이다. 그러나 괴테는 『빌헬름 마이스터의 편력시대』에 이어 『파우스트』에서도 교양만 쌓은 인간의 한계를 강조한다. 자신의 삶을 부정하는 것과 마찬가지인 이런 태도 역시 자신의 삶을 근거로 한다. 그는 다른 사람들이 부러워하는 교양, 지위, 평판, 인기 등을 가졌지만 허탈한 마음으로 이탈리아 여행을 떠났다. 그리고 '다시 태어났다'고 스스로 말할 정도로 여행 이전과 이후가 달라졌다. 괴테가 가슴

깊이 느낀 것은 '체념'을 통한 성장이었다. 사랑하는 사람과의 결혼조차도 자신의 원대한 목표를 방해하는 장애물로 여겼던 야망가. 그러나 결국 평범한 여성과 결혼하고 다른 사랑을 자제하면서 행복을 누리고 사회적 성공도 지속하는 법을 깨달았다. 그런 인생을 산 괴테는 파우스트 박사와 같은 능력을 가진 사람도 원대한 야망보다는 체념을 통해 성장할 수 있다고 말한다.

괴테의 생각은 당시 사회 분위기와는 사뭇 달랐다. 괴테가 『파우스트』의 완성에 몰두하던 19세기에는 이성에 의해 사회가 진보할 것이라는 야망과 같은 믿음이 널리 퍼지고 있었다. 또한 중세시대에 신을 중심으로 생각하던 생활양식에서 벗어나 내세의 가치보다는 현재의 쾌락을 더 중시하게 되었다. 그러나 괴테는 그런 세태를 긍정적으로 보지 않았다. 파우스트가 원한 것처럼 '모든 쾌락'뿐만 아니라 모든 고통을 경험한다고 해도 인간으로서의 한계 때문에 불행을 겪게 되리라는 것을 알았기 때문이다. 『파우스트』 1부를 떠올려보라. 그의 노력은 모두 부질없었다.

괴테는 이성을 맹신하지 않았다. 아마도 다음과 같이 생각했을 것이다.

'이성은 인간의 전체가 아니라 감성을 배제한 이상적인

상태만을 강조한다. 그것은 허위다. 허위 위에서 진리가 쌓일 수는 없다. 진리라고 믿는 또 다른 허위가 쌓일 뿐이다. 그렇기에 헬레나와 사랑에 빠져 가정을 꾸리고 행복에 젖었던 파우스트는 어느 날 갑자기 헬레나에게 버림받고 헬레나의 껍데기를 들고 자신도 껍데기일 것이라는 회의를 품을 수밖에 없었다.'

실제로 괴테는 전설에는 없는 헬레나와 파우스트의 이야기를 넣기 위해 고심했고, 『파우스트』에 다음과 같은 독백을 남겼다.

"허상인 내가 허상인 그녀와 맺어졌던 거야. 그건 꿈이었어. 이야기마저도 그렇게 말하고 있어. 나는 스러진 채 내 자신에게조차 이대로 허상이 되는 거야."

자연을 묘사하려면 일단 있는 그대로 관찰해야 하는 것처럼 괴테는 예술가로서 인간의 삶과 사회를 잘 드러내기 위해 인간을 있는 그대로 바라보려 했다. 그가 보기에 인간은 그리스의 신들과 달랐다. 인간은 실수하고 후회하고 반성한 뒤 또 똑같은 실수를 반복했다. 자신의 꿈을 이룰 능력도 의지도 부족한 존재가 바로 인간이었다. 괴테 자신도 마찬가지였다. 그는 이렇게 생각했을 것이다.

'불완전한 인간으로서 진리와 성장과 행복을 추구할 수밖에 없음을 받아들여야 한다. 그렇게 되면 헛된 욕망을 품고 현실에 발붙이지 못하고 떠다니기보다는, 현실 속에서 의미를 발견하는 기쁨을 누릴 수 있다.'

이 정도의 이야기라면 체험하지 않더라도 예상할 수 있고, 그럴듯하게 쓸 수도 있다. 그러나 괴테는 그러지 않았다. 관찰과 실험을 통해 경험하고 검증한 것만을 진리로 믿는 과학자처럼, 괴테는 인생을 실험하며 살았고 그것을 이야기에 담았다.

인류 역사상 최고의 지성으로 평가받는 괴테는 끝까지 자신을 경험의 세계로 밀어붙였다. 어느 하나 쉽게 넘어가지 않는 그의 인생은 피곤했다. 남에게 잘난 체하기 위해 공부하고, 지성과 감성을 뽐내기 위해 예술과 과학에 몰두하고, 오직 말로써만 사회적 책임을 다하려 했다면 그렇게 많은 저작과 편지와 일기와 만남 등을 남기지 않았을 것이다. 괴테는 가장 인간다운 방식으로 불멸의 가치를 만들어내고 싶었다. 탁월한 능력으로 새 시대를 열거나 자신과 능력을 견줄 수 있는 몇 사람에게 자극을 주어 시대를 새롭게 창조하는 것이 아니라, 인간의 평범성을 비범하게 사용했다. 그는 꾸준한 노력으로 노련한 늙은 마법사를 따라잡을 수 있다고 생각했던 것 아닐까. 괴테는 자서전에서 이렇게 말했다.

"내가 목표로 삼아온 것은 오직 나 자신을 한층 더 현명하게 향상시키는 일, 그리고 인격을 높이는 일이다. 더불어 내가 선 또는 진실이라고 믿는 것을 표현하는 일이었다."

괴테는 뿌린 대로 거두는 우직한 농부처럼 자신이 믿는 대로 살고 산 대로 믿었으며, 믿은 대로 썼고 쓴 것처럼 살았다. 그 과정에서 괴테는 완전히 다른 인간이 되었고, 독일사회 역시 크게 변했다. 아니 인류 전체의 정신문화가 달라졌다. 괴테는 40대를 넘기며 그저 유럽 봉건사회의 문제점이나 귀족의 허위, 개인적 불행을 토로하는 것이 아니라 세계인(동시대인들뿐만 아니라 후손들을 포함한)의 관점에서 삶의 문제를 바라보기 시작했다. 그리고 그런 지평에 섰을 때 다가오는 삶이 단지 이상적으로 근사한 것이 아니라 얼마나 현실적으로도 유용한가에 대해서도 깨닫게 되었다. 그래서 그토록 『파우스트』에 혼신의 힘을 쏟은 것이다.

인간의 구원자는 바로 인간 자신이다

괴테의 『파우스트』는 세계와 인류가 고민하는 보편적 문제를 진지하게 성찰하는 작품이다. 괴테의 『파우스트』는 개인이 동시대에서 접할 수 있는 미시적 세계뿐만 아니라, 역사를 넘나드는 거시적 관점에서 독자가 세계와 인생을 바라보기를 유도하고 있다. 삶의 의미와 행복은 현재뿐만 아니라 사회의 본질, 개인의 이상과 능력, 그리고 역사적 발전 단계의 조화에 달렸다는 사실을 전편에 걸쳐 보여준다. 개인의 행복과 사회 및 역사의 발전은 분리되어 있는 것이 아니다. 그런데 여기에서 주의해야 할 점이 있다. 괴테는 근대인이었지만 이성의 끝에 역사적 진보가 있다고 생각하지 않았다. 파우스트는 불변의 지식을 추구했지만 그것을 통해 개인의 행복이나 성장에 도달하지 못했다.

괴테는 파우스트의 긴 여정을 담은 이야기를 통해 이성뿐만 아니라 체념 같은 감성적 고통을 감내해야 행복과 진보 모두 얻을 수 있다고 강조했다. 인간을 구원하는 것은 신이 아니라 인간 그 자신이다. 파우스트는 노년에 이르러 악마의 도움이 아니라 자신의 노력으로 행복에 도달했다. 죽은 파우스트의 영혼을 구원한 것도 신이 아니라 그레트헨의 영혼이었다. 이런 점에서 『파우스트』는 인간의 숙명이 아니라, '순수하게 인간적인 것의 승리'를 이야기한 작품으로 평가받는다.

괴테는 단지 중세의 '신'을 몰아내기 위해 이성을 강조한 르네상스 예술을 따르거나, 당대에 엄숙하게 이성을 통한 진보를 강조한 계몽주의 문학을 모방하지 않았다. 고대에서부터 중세, 근대, 그리고 후대의 인류 역사 전체를 고민한 끝에 인간이 한계에도 불구하고 구원을 받을 수 있는 길을 작품을 통해 설명했다. 동시대의 이성주의자 혹은 낭만주의자, 신학자, 철학자들과 달리 괴테는 인류가 서로를 믿어야 하는 근거를 제공하면서 정신문화의 중심을 이성에서 '인간'으로 돌려놓았다. 그의 사상은 독일 철학자 프리드리히 니체(Friedrich Nietzsche)로 하여금 '신은 죽었다'라고 선언하게 만들었다.

니체는 18세기 후반의 급격한 변화를 눈여겨보았다. 계몽주의는 유럽의 정신적 질서의 중심이었던 기독교 교리뿐만 아니라 봉건사회를 무너뜨리며 혁명적 기운을 일으켰다. 그리고 프랑스 혁명으로 상징되는 자유와 희망이 퍼지는 한편, 새로운 미래에 대한 회의와 불안도 함께 퍼져갔다. 또한 새롭게 등장한 산업혁명은 인간이 일하는 방식은 물론 생활양식 전반을 변화시켰다. 이렇듯 18세기 후반의 근대인은 과거와 다른 삶을 살게 되었다. 위르겐 하버마스(Jurgen Habermas), 미셸 푸코(Michel Paul Foucault) 등의 철학자가 지적한 것처럼 비록 미완의 기획이기는 하지만 현대의 막이 오른 것이다. 그런데 그 시대는 어디로 향하고 있던 것일까? 니체는 『즐거운 지식(Die fröhliche Wissenschaft)』에서 다음과 같이 말했다.

"신이 어디로 갔느냐고? 내가 말해주겠다. 우리가 그를 죽였다. 바로 당신과 내가. 우리는 모두 그를 죽인 살해자다. 그런데 우리가 어떻게 그런 짓을 했을까? 우리는 어떻게 바닷물을 다 마셔버릴 수 있었을까? 누가 우리에게 모든 지평선을 지워버릴 것을 주었는가? 태양으로부터 이 지구를 풀어놓았을 때 우리는 무엇을 하고 있었는가? 우리는 어디로 가는가? (중략) 신이 썩어가는 냄새를 아직 맡지 못했는가? 신도 부패한다. 신은 죽었다. 죽은 채로 있다. 그리고 우리가 그를 죽였다. (중략) 세상이 소유했던 모든 것 가운데서 가장 신성하고 막강한 것이 이제 우리의 칼 아래서 피를 흘리며 죽어갔다."

니체는 신을 죽인 범인으로 한두 명의 철학자나 예술가, 과학자가 아니라 '우리' 인간 전체를 지목했다. 랄프 왈도 에머슨(Ralph Waldo Emerson)이 1838년 『신학대학 연설(Address at Divinity College)』에서 밝혔던 바대로 사실 신은 이미 오래전부터 죽어 있었다. 신의 죽음이란 어떤 의미일까? 일단 생각해 볼 것은 근대인들이 더 이상 신의 존재를 고대인이나 중세인처럼 진지하게 믿지 않는다는 사실이다. 신의 존재는 과학적으로 증명되지 않기에, 완전히 확신할 수 없는 것이 되고 말았다. 그 결과 신은 더 이상 인간의 삶에 절대적인 영향력을 갖지 못하고 미신처럼 받아들여지게 되었으며, 니체는 이러한 상황을 '신은 죽었다'는 말로 표현했다.

근대가 초래한 신의 위상의 변화는 괴테의 『파우스트』에서도 드러난다. 메피스토펠레스는 십자가 앞을 지나면서 고개를 숙이고 눈을 감았고, 그 모습을 본 파우스트에게 이렇게 말한다.

"십자가 앞에서 경건해져야 한다는 게 편견이라는 것을 나도 잘 알고 있습니다."

신을 가장 가까이에서 본 악마가 십자가를 불길한 부적쯤으로 치부할 정도로 시대는 변했다. 찬란히 타오르는 이성 앞에서 신앙은 '편견'의 상징이자 '혐오'의 대상으로 전락한 것이다.

중세의 신으로 상징되는 영원하고 보편적인 진리가 사라진 후 불어닥칠 혼란이 두려운 나머지 인간은 이제 다양한 것들을 맹신하기 시작한다. 과학적 진리는 근대의 또 다른 신이 된다. 뿐만 아니라 계몽주의의 이성도 신이 되고, 낭만주의의 감성도 신이 되어 오히려 더 큰 혼란을 초래했다. 니체도 괴테처럼 이런 혼란을 심각하게 걱정하며, 『즐거운 지식』에서 다음과 같이 말했다.

"부처가 죽은 후에도 인간들은 수세기 동안 그의 그림자를 동굴에 안치시켰다. 거대하고 섬뜩한 그림자를. 신은 죽었다. 그러나 인간이라는 거대한 종이 존재하듯이 수천 년에 걸쳐 신의 그림자가 나타나는 동굴이 존재하리라. 그리고 우리는 계속 이 신들의 그림자를 정복해야 한다."

　신성한 중세의 신을 죽인 일보다 무서운 것이 진실하지 않은 신앙이다. 베이컨이 지적한 네 가지 우상뿐만 아니라 인간이 숭배할 수 있는 모든 것이 인간을 구원하는 것이 아니라 인간을 혼란에 빠뜨릴 수도 있었다. 그렇다고 니체는 중세와 같은 기독교의 시대로 돌아가자고 한 것은 아니었다. 니체는 기독교의 교리가 현실을 부정하게끔 만든다고 생각했다. 신의 용서를 통한 구원은 내세를 강조하며 여러 도덕적 의무를 전파할 뿐 사람들이 현재의 삶을 즐기는 데에는 결코 도움이 안 되기 때문이다. 신학을 포함한 여러 지식을 섭렵한 파우스트는 쾌락을 위해 악마와 계약했다. 파우스트는 계약하기 전에 "저 세상 따위는 개의치 않는다"고 말하기도 했다. 거대한 신 앞에서 무력한 자신을 보며 내뱉은 말일 수도 있다. 그러나 체념을 통해 성장한 파우스트는 죽음을 맞기 직전에 다시 한 번 내세를 부정한다.

　"눈을 껌뻑이며 시선을 그곳으로 향한 채
　구름 위의 자신과 비슷한 존재를 상상하는 자는 바보로다!
　이곳에 굳건히 서서 주위를 둘러볼지니
　유능한 자에게 이 세상은 침묵하지 않는다.
　무엇 때문에 영원 속에서 헤맨단 말인가."

내세 지향적인 사고는 변화를 향한 인간의 능동성을 제한한다. 『성경』은 불행을 개인의 문제가 불러온 재앙으로 묘사한다. 그런데 그 불행은 인간이 자신의 노력만으로 극복할 수 있는 것이 아니다. 오로지 신의 은총을 통해서만 구원받을 수 있다. 하지만 괴테는 파우스트의 이야기를 통해 노력만으로 '이 순간 시간이 멈췄으면 좋을' 정도의 만족을 얻을 수 있음을 보여주었다. 신의 은총이 없이도 말이다. 능동적인 자기 구원을 위해 파우스트는 심지어 신의 은총을 거부한다. 심지어 『파우스트』1,604행에서부터 1,606행에 등장하는 파우스트의 대사는 악마의 주문처럼 보일 정도다.

"저주하노라, 저 지고한 사랑의 은총을
저주하노라, 희망을! 저주하노라, 믿음을!
그리고 저주하노라, 무엇보다도 인내를!"

무지의 지혜

괴테는 인간이 신에게 의지하기보다는 삶의 주체로서 능동적으로 자기 자신을 변화시키기를 바랐다. 그는 '신/구원자'의 자리에 인간 자신을 갖다놓았다. 헬레나가 떠난 후 몸서리

치던 물질적 껍데기가 아니라, 영혼이나 이성으로서만 존재하는 인조인간 호문쿨루스가 아니라 완전한 통합체로서의 인간 자신을 말이다.

그러나 인간이 저마다 자신의 자아실현이나 쾌락만 추구한다면 어떤 공동체적인 목적도 생길 수 없다. 공동체적인 목적이 사라지면 사회를 하나로 묶는 끈이 없어지면서 큰 혼란이 일어날 것이다. 이것은 괴테가 평생을 고민한 자유와 행복이 가득한 사회가 아니다. 서로가 서로를 소외시키고, 모든 것이 파편처럼 의미 없이 떠다니는 사회에는 분열과 혼란, 좌절과 상처만 남는다. 그렇기에 괴테는 사회를 묶는 끈을 강조했다.

『빌헬름 마이스터의 수업시대』와 『빌헬름 마이스터의 편력시대』에서 사회적 차원의 행복과 성장을 강조했지만 그것으로는 부족했다. 그래서 『파우스트』에 그레트헨을 등장시켰다. 그녀는 마치 중세의 신들이 인간에게 내린 은총처럼 복수가 아닌 용서와 포용으로 파우스트를 구원한다. 인간은 자신의 노력으로 자신은 물론 다른 사람도 구원할 수 있으며, 다른 사람에 의해 구원받을 수도 있음을 괴테는 보여주었다. 괴테에게 사회란 구성원들 사이에 화학적 친화력이 작동하여 서로를 끌어 당기는 관계망이었다. 괴테는 이렇게 말했다.

"인간이 무엇을 시작하거나 계획하려면 개인의 힘만으로

는 부족하다. 사회야말로 견실한 인간을 만들어내기 위해 가장 필요한 환경이다. 건강한 기상을 갖춘 인간은 서로 관계를 맺으며 살아가야 한다."

인간의 미래는 늘 불확실하다. 이성적인 분석이나 예측도 벗어나게 마련이다. 불확실한 미래는 불안하다. 그러나 괴테는 인간이 행복과 진보를 이룰 수 있는 해결책을 제시했다. 자신의 한계를 받아들인 후 다른 인간을 믿으며 공동체 안에서 조화를 이뤄 협동한다면 미래는 밝아질 것이다. 그 어떤 철학자나 예술가도 이 사실을 괴테처럼 분명하게 보여주지 못했다. 그것은 괴테가 과학적 관찰자로서 세상을 바라보았기에 가능한 일이었다. 괴테는 행동만을 강조하는 혁명가와 달랐다. 그는 '행동하는 무지(無知)'보다는 '종합적 관찰'을 강조했다. 괴테는 『함부르크 판본 전집』 제12권에서 이렇게 말했다.

"행동하는 사람에게는 양심이 없다. 오로지 관찰하는 사람만이 양심을 가지고 있다."

어떤 목적을 이루겠다며 성급하게 덤빈다면 연극에 몰입했던 빌헬름과 같은 결과에 이를 수 있다. 먼저 사태의 본질을 관찰해야 한다. 무조건 '하면 된다'며 자신을 의지를 가진 유일한 주체로 생각하는 것은 착각이다. 세상은 수많은 사람들의 복잡하고 다양한 욕구와 생각을 통해 움직인다. 우리는 수많은 요소들 가운데 하나임을 인식해야 한다. 괴테의 성장에는 맹목적 추구가 아니라 체념이 따라붙고, 체념에는 '절제'가 뒤따른다. "나처럼 꿈꾸고 도전하라"고 말하는 현대의 '엄친아'들과 달리, 근대 독일의 엄친아는 주변 환경과 조건에 상관 없이 적용할 수 있는 성장과 행복의 법칙을 이야기했다. 왜? 그만큼 인간을 사랑하고, 세계를 사랑하고, 걱정했기 때문이다.

괴테는 존재에 대한 고민과 사회에 대한 걱정 없이도 충분히 만족스러운 삶을 살 수 있었다. 아주 어렸을 때부터, 청년기에도, 그리고 장년기로 넘어가는 시점에도 말이다. 괴테는 다른 길을 선택했고 마침내 불멸의 위치에 올랐다. 그리고 개인적인 것을 버릴 때 독보적인 성취를 얻을 수 있다는 사실을 자신의 삶을 통해 증명했다. 괴테의 메시지를 정리하면 다음과 같다.

'버려라. 체념하라. 행동하지 말고 관찰하라. 그리고 방황하라. 그 방황 속에서 체험의 교훈을 쌓아라. 언제나 내면의 긴장을 유지하며 사회적인 가치를 이루기 위해 노력해라. 그래야 인간은 만족할 수 있다.'

대부분의 사람은 적당한 성장과 성취에 만족한다. 그러고는 속물이 된다. 괴테는 이 점을 『파우스트』의 도입부에서 예언자처럼 경고한다.

"우리가 일단 이 세상의 좋은 것에 도달하면 더 좋은 것은 거짓이며 망상이라 불리는구나."

현대인들은 도덕 교과서의 이야기는 원칙적으로는 옳지만 현실에서는 쓸모없다고 생각한다. 그래서 시험에 나오면 답을 맞혀도 실제로는 눈앞의 이익만을 좇는다.

괴테는 신에게 도전한 천재가 아니다. 그는 실수와 후회 속에서 찾은 빛을 사람들과 나누고 싶어 했다. 하지만 사람들은 괴테를 어둠 속에서 빛을 만들어내는 천재 마술사로 오해했다. 그리고 괴테의 지극히 인간적인 면모를 탐탁지 않아 했다. 우리는 괴테의 위대한 행적이 아니라, 그가 그 위대함으로 이루고 싶었던 것이 무엇인지를 생각해보아야 한다.

지극히 인간다웠던 괴테는 다른 인간과 교류하며 후대의 사람들이 인간다워지기 바라는 마음으로 만년을 보냈다. 젊은 시절에는 비상한 재주로 몇 주 만에 이야기를 구성하기도 했지만 만년에는 세상과 인간을 관찰하고 행동하며 얻은 '인간다운 인간'에 대한 이야기를 썼다.

나폴레옹의 평가는 옳았다. 그는 인간다운 인간이었다. 하지만 괴테는 유일한 '인간다운 인간'이 되고 싶지는 않았다. 말년에 다다른 그는 바이마르에서 수많은 사람들을 만나며 지냈다. 그는 자신의 작품을 읽은 사람의 가슴과 머리에 무엇을 남길지에 대해서도 끝까지 고민했다. 또한 자신의 눈으로 볼 수 없는 사람까지 신경썼다. 『빌헬름 마이스터의 편력시대』에도 등장하는 신대륙 사람이나 후손들도 보편적으로 공감할 수 있는 이야기를 구상하기 위해 최선을 다했다. 괴테의 편지를 보면 그가 이야기 구상에 얼마나 고심했는지를 고백하는 내용이 많다.

신기한 일이다. 유년시절의 괴테에 대한 평가는 '인간미 없는 냉정한 아이'였다. 그러나 말년의 평가는 전혀 달랐다. 괴테가 유명인이었기 때문만은 아니다. 바이마르로 노년의 괴테를 찾아온 사람들은 그의 인간적인 면모에 감동했다. 놀라운 이성에도 불구하고 괴테는 상대방을 위압적으로 대하지 않았다. 그는 상대방의 지식과 의견, 사회적 사건, 자연의 변화, 신대륙의 발견과 이국적 풍물 등에 대해서 항상 어린아이와 같은 호기심을 보였다. 그리고 그것을 설명하기 위해서 노력했다. 그 결과 그는 엄친아로 태어나 주어진 재산과 재능을 누리는 수준에 머무는 것이 아니라, 평생에 걸친 변태로 불멸의 위인으로 성장했다. 머리로만 주장하는 것이 아니라 자신이 직접 체험을 통해 확인한 삶의 교훈을 바탕으로 작품을 구성했으며, 늘 새로운 문제의식으로 독자들이 '가슴으로 읽고 머리로 깨우치도록' 유도했다.

우리는 그런 괴테를 '불멸의 천재'라고 부른다. 그 이유는 프랑스 소설가 앙드레 지드(Andre Gide)가 말한 것처럼 '비범한 평범성'을 잃지 않고 인간을 사랑하는 마음으로 자신의 재능을 끝까지 펼쳐 새로운 정신문화를 창조했으며 동시대의 세계인뿐만 아니라 온 인류를 포용하려 했기 때문이다.

괴테가 실러를 위해 지은 추모시에는 괴테의 성장 비결이 고스란히 드러난다.

장미의 계절을 떠나보낸 지금에서야
비로소 알겠구나, 장미 봉오리가 무엇인지를,
뒤늦게 피어나, 줄기에 빛나는 단 한 송이
천자만홍(千紫萬紅)보다 아름답구나.

'비로소 뒤늦게 알았음'을 인정하는 것은 천재에게는 어울리지 않는다. '항상 먼저 깨달아야' 혹은 '일이 일어나기도 전에 미리 다 알고 있어야' 할 것 같다. 하지만 괴테는 자신에게 벌어진 일을 곰곰이 생각하고 꼼꼼히 살펴 자신에게 무엇이 부족했는지를 아는 소크라테스 식의 '무지의 지혜'를 추구하는 사람이었다. 이런 특성은 작품 속 파우스트 박사의 대사로도 확인이 된다.

"아, 나는 철학도, 법학도, 의학도 헛된 줄 알면서도 신학까지 힘겹게 고생하며 공부했건만 전보다 조금도 영리해지지 못했구나. (중략) 이제야 인간이란 결국 아무것도 알지 못한다는 것을 깨닫게 되었다니!"

파우스트는 무지를 자각한 뒤 크게 성장한다. 우리 역시 무지를 깨닫는 순간 더 지혜로워질 수 있다. 그리고 세상을 더 아름답게 볼 수 있다.

하버드대학교 성인발달연구소는 12년간의 연구를 통해 '서드 에이지(third age)'라는 개념을 내놓았다. 청년기에는 세상을 살아가는 데 필요한 지식을 습득하는 인생의 1차 성장(first growth)이 있다면, 중년기에는 자신이 했던 행동과 세상에 대한 깊이 있는 성찰을 통한 인생의 2차 성장(second growth)이 필요하며, 2차 성장의 서드 에이지(third age)를 어떻게 보내느냐에 따라 삶의 최종 모습이 달라질 수 있음을 강조했다. 즉 의미 있게 사는 것도 중요하지만 의미 없이 죽지 않기 위해서는 1차 성장 이후에 삶을 통찰하는 시기가 필요하다는 말이다.

실수를 했다면 그냥 맘 편히 살겠다며 망각하는 것이 아니라 통찰을 통해 다시는 그런 실수를 저지르지 않으려 노력하고, 성공했다면 다음에는 더 발전하려 노력할 때 의미 있는 삶을 살 수 있다.

삶의 마지막에 도달한 최고의 순간

"신들이 떠나가고 있다. 괴테가 죽었다."

독일 시인 하인리히 하이네(Heinrich Heine)가 괴테의 죽음을 안타까워하며 한 말이다. 괴테를 절대적 위치에 올려놓는 평가는 많다. 시성(詩聖), 독일문학의 창조자, 인류 역사상 최고의 현인(賢人) 등 찬사 일색이다. 그러나 괴테의 업적과 행적을 세세히 살펴보면 그런 찬사가 오히려 괴테를 비현실적인 존재로 미화해서, 그를 사실과 다르게 평가하게 만드는 걸림돌이 되었다. 그런 왜곡을 걷어내지 않으면 괴테는 그저 우상숭배의 대상으로만 머물 위험이 있다.

그렇다면 괴테는 과연 어떤 인물이었을까? 영국의 역사가이자 작가 토머스 칼라일(Thomas Caryle)은 독일문학에 심취했으며, 그중에서도 괴테를 숭배했다. 그는 미국의 시인이자 사상가 에머슨에게 보낸 편지에 이렇게 썼다.

"명랑하게 보이는 고상한 괴테가 내면에는 단테처럼 예언자적인 깊은 슬픔을 감추고 있다는 것을 알게 될 것이다."

칼라일의 말을 잘 살펴보아야 한다. 미래를 내다보는 능력을 가진 '예언자'로서의 괴테와 함께 '명랑하게 보이는' 괴테를 언급하고 있다. 범접할 수 없는 오라를 가진 괴테의 초상화를 떠올리면 칼라일의 묘사는 부적절한 듯하다. 하지만 나폴레옹이 독일의 에르푸르트에서 괴테를 만난 뒤 "여기 인간다운 인간이 있다"라는 유명한 말을 남긴 것을 보면 괴테는 절대자가 아닌 인간적인 풍모를 더 많이 가진 사람이 아니었을까?

인간은 완벽한 신과는 다르다. 실수를 하고 미성숙한 면을 보이는 존재이다. 괴테 역시 실수를 많이 했다. 연애나 정치나 문학, 과학 등 그가 활동한 전 분야에서 말이다. 실수를 직시하고 고치려 한 것이 그의 삶을 더 의미 있게 만들었다. 우리가 지금까지 한 수많은 실수도 오히려 긍정적이라고 할 수 있다. 단, 괴테의 교훈을 실천한다면 말이다. 그렇지 않으면 그대로 계속 실수를 하면서 불행하게 살기 쉽다.

괴테는 바이마르에서 노년을 보낼 때처럼, 지금도 사람들과의 만남을 간절하게 기다리고 있다. 작품을 통해서 말이다. 우리는 그의 작품들을 통해서 답답한 현실에서 벗어날 수 있다. 20세기 일본 소설가 미시마 유키오는 『문장독본(文章讀本)』에서 『친화력』에 대해 다음과 같이 말했다.

"괴테의 문체는 얼핏 보면 전개가 따분하고 파도가 넘실거리듯 느긋하게 흘러간다. 처음에 소설을 읽기 시작할 때는 지루한 느낌이 들지만 점점 시야가 열리면서 먼 숲이나 마을, 그리고 태양이 비추는 호수와 목장이 눈앞에 펼쳐져 광대한 작품 세계가 그의 여유로운 필력으로 나타난다. 그는 단편 작가의 문장처럼 길가에 핀 작은 들꽃이나 곤충의 자태를 눈여겨보는 것이 아니라, 유유히 산길을 올라가 널리 전망을 바라볼 수 있는 곳까지 독자를 이끌어간다."

어둠을 경험해야 비로소 빛을 알 수 있다. 가벼움을 느껴야 무거움도 알게 된다. 답답함을 알아야 시원함도 제대로 느낄 수 있다. 프리드리히 휠덜린(Friedrich Hölderlin)은 "인생은 고통에서 양분을 얻는다"고 말했다. 선문답 같은 이 이야기들이 우리 삶의 진리다. "고통을 겪으며 배웠다"는 괴테에게서 우리는 고통 그 자체뿐만 아니라, 그것을 통해 성장하고 성과를 만들어내는 실질적인 지침과 기술을 배워야 한다. 이것이 괴테가 강조한 교양이다.

인간은 이성을 폭력과 불합리한 제도와 사회적 혼란 등을 더 정교하게 만드는 데 사용했다. 하지만 누구보다도 처절하게 탈출구를 찾은 괴테는 인류가 불행에서 벗어날 수 있는 방법을 책 속에 남겼다. 그의 이야기를 통해 어둠을 밝힐 때 우리는 정상에 서서 탁 트인 세상을 바라보는 안개 바다 위의 방랑자의 자유로움과 당당함을 만끽하게 될 것이다.

괴테에 대해서라면 뭐든지 특별해 보인다. 괴테가 마지막으로 남긴 말은 "좀 더 빛을(mehr Licht)"이었다. 이 말을 계몽주의와 연관시키는 사람도 있다. 계몽(enlightment)이라는 단어 속에 있는 이성의 빛(light)을 죽는 순간까지 읊조릴 정도로 자신의 사상에 철두철미했다는 것이다. 그러나 리하르트 프리덴탈(Richard Friedenthal) 같은 학자는 "아마도 하인에게 작은 목소리로 창의 덧문을 활짝 열라고 한 명령이었을 것이고, 실제로 그의 눈이 이미 흐려져 있었을 것"이라며 괴테의 말을 지나치게 확대 해석하지 말라고 경고했다.

괴테는 숨을 거두기 전 자신의 무릎을 덮고 있던 담요에 'W'자를 적었다. 사람들마다 이 글자의 의미를 다르게 해석한다. 괴테 자신의 이름인 볼프강(Wolfgang)의 첫 글자로도 해석할 수 있고, 그의 최후의 위대한 사상인 세계문학(Weltliteratur)이라는 의미로도 생각할 수 있으며, 또한 세계(Welt)로도 이해할 수 있다. 어쩌면 죽기 전 타는 목마름 때문에 목소리가 나오지 않자 물(Wasser)을 달라고 급하게 머리글자만 쓴 것일 수도 있다. 이러한 다양한 가능성이 있지만, 괴테는 위대한 인간이기 때문에 뭔가 고상한 가치를 표현하려 했다는 이야기가 더 크게 와닿는다. 그렇다면 나폴레옹이 말한 '인간다운 인간', 에머슨이 말한 '명랑한' 괴테는 어디에 있단 말인가?

사람들은 위대한 괴테를 찬양한다면서 현실에서는 결국 내쫓았다. 고전문학 목록에 괴테의 작품을 꼭 끼워 넣지만 그의 작품을 적극적으로 비평하고 이야기를 나누지 않는다. 막연한 우상화는 그를 두 번 죽이는 일이다.

『파우스트』에서 신이 메피스토펠레스의 내기를 받아들이면서 했던 말처럼 "선한 인간은 어두운 충동 속에서도 올바른 길을 알고 있다." 파우스트는 최후를 맞는 순간까지 방황했다. 하지만 진리와 아름다움과 사랑을 향해 가는 발걸음을 포기하지는 않았다. 우리는 그 길을 비현실적이라는 이유로 무시했다. 하지만 괴테는 그 길로 발을 내딛는 순간 파우스트처럼 구원받게 될 것이라고 말한다.

"내가 이 세상에 이루어놓은 흔적은
영원토록 사라지지 않을 것이다.
이런 드높은 행복을 예감하면서
나는 지금 최고의 순간을 맛보고 있노라."

작품 소개

『파우스트』
Faust

괴테의 『파우스트』는 2부, 총 12,110행으로 구성된 희곡이다. 희곡이지만 시적인 표현으로 가득 차 있다. 『파우스트』 제1부는 악마 메피스토펠레스가 등장하여 신이 창조한 인간들이 얼마나 쉽게 창조주를 저버리는지 보여줄 수 있다고 내기를 건다. 그가 지목한 인물은 철학, 신학, 법학, 의학까지 모두 통달했고 학문적 이상이 높았던 '파우스트' 박사였다. 신은 파우스트의 선함을 신뢰하고 있었기에 메피스토펠레스의 내기에 응한다. 그러면서 신은 이렇게 말한다.

"인간이란 노력하는 한 방황하는 존재이니라."

한편 파우스트는 평소처럼 서재에 있었다. 그는 자신의 지식만으로 해결될 수 없는 일이 많다고 느끼면서 절망에 빠져 있었다. 그는 신의 경지에 도달하기를 원했고, 우주의 본질적인 비밀을 알고 싶었다. 괴로워하던 파우스트는 마술의 힘을 빌려서라도 대자연의 비밀을 알아내기로 마음먹었다. 그는 노스트라다무스의 책을 꺼내 대지의 정령들을 불러냈다. 하지만 대지의 정령들은 그를 다시 인간의 세계로 떨어뜨렸다. 파우스트는 모든 학문을 탐구해도 자신이 신과 대등한 존재가 될 수는 없음을 비관하며 자살을 기도한다. 그러나 실패로 끝나고 숭고한 가치를 추구하기보다 세속적인 쾌락을 선택할 것인가를 두고 갈등한다. 바로 이때 메피스토펠레스가 접근해 파우스트를 유혹한다. 악마의 유혹은 다음과 같았다.

"내가 너에게 이 세상의 모든 것을 주는 대신, 만일 네가 어느 한순간에 대해서 '멈추어라, 너는 너무도 아름답다'라고 말하면 너의 영혼은 영원히 내 것이 되리라."

인간이 느낄 수 있는 모든 쾌락을 맛본 후 기독교에서 정의한 7개의 극악한 죄 중의 하나인 나태함에 이르면 영혼을 데려가겠다는 것이다. 자신의 처지에 불만을 갖고 있던 파우스트는 악마와 영혼의 계약을 맺게 된다. 그 후 파우스트와 메피스토펠레스는 선술집으로 향한다. 메피스토텔레스는 희희낙락한 술집 분위기를 파우스트에게 느끼게 해주고 그를 자기 뜻대로 이끌려고 했지만, 파우스트는 오히려 이런 곳을 혐오했고 악마의 마술 장난도 좋아하지 않았다. 파우스트는 오로지 젊음을 원할 뿐이었다.

메피스토펠레스는 파우스트를 마녀에게 데려가 젊고 건강한 청년으로 변신시켰다. 청년이 된 파우스트는 순수한 소녀 그레트헨을 만나 첫눈에 반한다. 파우스트는 메피스토펠레스에게 그녀를 자신의 애인으로 만들어달라고 부탁했다. 하지만 메피스토펠레스는 쉽게 응하지 않는다. 그녀처럼 순수하고 정결한 여자는 다루기가 힘들었기 때문이다. 그럴수록 파우스트는 더욱더 절실하게 사랑의 감정을 느꼈다.

우여곡절 끝에 파우스트와 그레트헨은 여러 번 만나며 서로 애정이 쌓이기 시작했다. 파우스트는 그레트헨과 육체적 관계를 맺고 싶은 마음을 떨치지 못하고, 메피스토펠레스에게 받은 수면제를 그녀에게 건네주어 그레트헨의 어머니를 잠에 빠지도록 한다. 하지만 그 수면제는 그레트헨의 어머니를 죽음으로 몰아넣는다. 그녀의 오빠도 메피스토펠레스의 계략에 빠져 파우스트의 손에 죽는다. 메피스토펠레스는 쾌락으로 파우스트를 유혹했지만, 파우스트는 죄를 반성하며 그레트헨에게 돌아간다.

그레트헨은 자신이 낳은 아이를 연못에 유기하고 어머니를 죽인 죄로 감옥에 갇혀 있었다. 파우스트는 그녀를 구하려 하지만 그레트헨은 악마의 노리개가 된 파우스트를 거부한다. 오직 성모 마리아의 은총만이 자신을 구원할 수 있다고 믿는 그녀는 하늘에 간절하게 기도를 한다. 이를 지켜보던 메피스토펠레스는 파우스트에게 "그녀는 심판받았소!"라고 외친다. 하지만 "구원받았노라!"라는 천상의 목소리를 듣게 된다. 그 후 메피스토펠레스는 파우스트를 이끌고 도망친다.

제2부에서 파우스트는 긴 잠에서 깨어나 새로운 여정을 시작한다. 그는 메피스토펠레스와 함께 궁전으로 들어간다. 그때 마침 국가는 재정난에 빠져 있었다. 파우스트와 메피스토펠레스는 지폐를 마구 찍어내 위기를 극복한다. 황제는 파우스트를 예언자로 믿고, 그에게 역사상 최고의 미녀인 헬레네를 불러내라는 지시를 내린다. 파우스트는 메피스토펠레스의 마술을 믿고 그 지시를 승낙했지만 메피스토펠레스는 그리스 문학 속의 헬레네를 알지 못했기에 마술을 써서 그녀를 불러올 수 없었다. 파우스트는 메피스토펠레스한테서 열쇠를 얻어 시공을 초월한 '어머니들'의 나라로 건너간다. '어머니들'의 나라에서 그는 향로에서 피어오르는 연기 속에서 파리스와 헬레네를 발견하고 헬레네의 아름다움에 도취되어 그녀를 껴안으려 한다. 그 순간 열쇠가 그녀에게 닿아 폭발하는 바람에 파우스트는 기절하고 만다.

기절한 파우스트는 메피스토펠레스에 의해 자신의 예전 연구실로 오게 된다. 파우스트의 조수였던 바그너는 그동안 명교수가 되었고, 인간의 생명을 만들어낼 단계에까지 이르렀다. 바그너는 마침내 호문쿨루스를 탄생시킨다. 호문쿨루스는 태어나면서부터 세상의 모든 지식을 가지고 있었고, 그의 투시력으로 지금 옆방에서 잠자고 있는 파우스트의 꿈까지 분석할 수 있었다. 그때 파우스트는 미녀 헬레네의 꿈을 꾸고 있었는데, 바그너는 그를 소생시키려면 그리스로 데려가 잠을 깨워야만 한다고 했다. 메피스토펠레스는 총명한 인조인간인 호문쿨루스의 안내를 받아 파우스트를 마술의 비행 망토에 태워서 그리스로 이동시켰다. 그곳에서 깨어난 파우스트는 헬레네를 찾아 헤맨다. 호문쿨루스는 영적인 존재가 아닌 육체를 지닌 진정한 인간이 되고자 하는 욕심에 이리저리 날아다니다가 아름다운 사랑의 여신 갈라테아를 만났으나 실수로 종말을 맞이하고 만다.

한편 트로이성이 함락되어 헬레네는 다시 그리스로 귀환하고 있었다. 메피스토펠레스는 변장을 하고 기다렸다가 헬레네를 계략으로 꾀어서 게르만 정복군의 장군에게 이끈다. 그 장군은 바로 파우스트였다. 파우스트와 헬레나는 결혼해서 행복한 생활을 한다. 하지만 그들 사이에서 태어난 아이 오이포리온은 전쟁에 휩싸인 세상을 보며 인간들과 함께 근심과 고통을 나누려고 날개를 펴고 날아가다 빛을 발하며 땅으로 떨어진다. 이때 헬레네도 "행복과 아름다움은 함께 누릴 수 없다"고 말하며 아들의 뒤를 따라 저승으로 내려가버린다. 파우스트는 허무하게도 그녀의 껍데기만이 자신의 손에 쥐어져 있음을 깨닫는다.

파우스트는 껍데기 같은 자신의 삶에 몸서리를 친다. 영원불멸의 이상이 숨어 있다고 생각한 고전주의 세계에 다녀온 파우스트였지만 순수한 소녀와의 사랑이나 향락, 헬레네와 같은 미녀와의 쾌락과 가정의 행복으로도 만족에 닿지 못하자 삶의 방향을 과감하게 전향한다. 파우스트는 인류의 공익을 위해 헌신하는 것으로 만족을 구하려 한다. 광대한 해안지대를 개간하기로 결심한 그는 황제를 반역자들로부터 구하고 그 보상으로 땅을 얻게 된다. 그리고 자신의 꿈을 이루기 위해 노력하며 실제로 정신적 만족을 얻는다. 이때 파우스트의 나이가 100세다.

파우스트는 메피스토펠레스에 의해 눈까지 멀어 앞을 볼 수 없었지만 비로소 인생의 참된 의미에 눈을 뜬다. 그는 그 뜻깊은 순간에 "멈추어라, 순간이여! 너는 참으로 아름답다!" 하고 외친다. 결국 메피스토펠레스와의 계약대로 파우스트는 영혼을 악마에게 빼앗길 위기에 처한 듯했다. 그러나 그 말은 결코 파우스트가 메피스토펠레스의 유혹에 빠져서 향락이나 물질적 만족을 얻는 순간에 나온 것이 아니었다. 그래서 그의 영혼은 구원을 받는다. 천사들은 장미꽃을 뿌려 악마들을 내쫓고 파우스트의 영혼을 보호했다. 하지만 파우스트의 영혼이 천국에까지 오르기에는 하늘의 은혜가 있어야 했다. 그때 옛 애인이었던 그레트헨이 나타나 성모 마리아께 그의 영혼을 위한 은총을 빌었다. 성모는 그레트헨에게 이렇게 말한다.

"오너라! 더 높은 하늘로 오르라! 널 알아보면 그도 뒤따를지니."

이어서 "영원히 여성적인 것이 우리를 이끌어 올린다"는 합창이 울려퍼지는 것으로 『파우스트』의 이야기는 끝이 난다. 결국 세속적 쾌락과 성공에 대한 유혹으로 한때 악마와 계약을 맺기도 했던 파우스트는 그가 이룬 내면적 성숙과, 한때 함께 죄를 잉태했던 그레트헨의 속죄와 구원 요청에 의해 천상으로 인도되었다.

마흔, 괴테처럼

2015년 12월 18일 1판 1쇄

지은이 | 이남석

편집 | 이진·이창연
디자인 | 서채홍
제작 | 박흥기
마케팅 | 이병규

인쇄 | 천일문화사
제책 | 정문바인텍

펴낸이 | 강맑실
펴낸곳 | (주)사계절출판사
등록 | 제406-2003-034호
주소 | (우)10881 경기도 파주시 회동길 252
전화 | 031)955-8588, 8558
전송 | 마케팅부 031)955-8595 편집부 031)955-8596
홈페이지 | www.sakyejul.co.kr 전자우편 | skj@sakyejul.co.kr
독자카페 | 사계절 책 향기가 나는 집 cafe.naver.com/sakyejul
페이스북 | facebook.com/sakyejul
트위터 | twitter.com/sakyejul

ISBN 978-89-5828-924-1 03100

이 도서의 국립중앙도서관 출판예정도서목록(CIP)은 서지정보유통지원시스템 홈페이지
(http://seoji.nl.go.kr)와 국가자료공동목록시스템(http://www.nl.go.kr/kolisnet)에서
이용하실 수 있습니다.(CIP제어번호: CIP2015032319)

* 한국출판문화산업진흥원 2015년 우수출판콘텐츠 제작 지원 사업 선정작입니다.